Atrévete a ser una mujer verdadera

Libros de Nancy DeMoss Wolgemuth publicados por Portavoz

Adornadas: Viviendo juntas la belleza del evangelio

La apariencia

Atrévete a ser una mujer verdadera (editora general)

Biblia devocional Mujer Verdadera (editora general)

El cielo gobierna

Confía en Dios para escribir tu historia (coautora)

Contracultural: El llamado de la mujer verdadera

En busca de Dios

En la quietud de su presencia

Escoge agradecer

Escoge perdonar

La gratitud y el perdón

Incomparable: 50 días con Jesús

La libertad del perdón

El lugar apacible

Mentiras que las jóvenes creen (coautora)

Mentiras que las jóvenes creen, Guía de estudio (coautora)

Mentiras que las mujeres creen

Mentiras que las mujeres creen, Guía de estudio

Mujer Verdadera 101: Diseño Divino (coescrito con Mary A. Kassian)

Mujer Verdadera 201: Diseño Interior (coescrito con Mary A. Kassian)

Quebrantamiento: El corazón avivado por Dios

Rendición: El corazón en paz con Dios

Santidad: El corazón purificado por Dios

Atrévete a ser una mujer verdadera

Nancy DeMoss Wolgemuth
EDITORA GENERAL

La misión de *Editorial Portavoz* consiste en desarrollar y distribuir productos de calidad —con integridad y excelencia—, desde una perspectiva bíblica y confiable, que animen a las personas a conocer y servir a Jesucristo.

Título del original: *Becoming God's True Woman* © 2002, 2008 por Nancy DeMoss Wolgemuth y publicado por Crossway Books, una división de Good News Publishers, 1300 Crescent Street, Wheaton, Illinois 60187. Traducido con permiso.

Traducción: Rosa Pugliese

EDITORIAL PORTAVOZ
2450 Oak Industrial Dr. NE
Grand Rapids, Michigan 49505 USA

Visítenos en: www.portavoz.com

ISBN 978-0-8254-5073-0

2 5 4 5 edición / año 31 30 29 28 27 26 25

Impreso en los Estados Unidos de América
Printed in the United States of America

A nuestras hijas…
tanto físicas como espirituales.

Que sus vidas adornen siempre el evangelio de Jesucristo.
Que puedan conocer el gozo de ser mujeres verdaderas.
Y que sus hogares sean el reflejo del corazón
de Dios y su plan redentor.

CONTENIDO

RECONOCIMIENTOS

CADA UNA DE LAS ESCRITORAS de este libro ha recibido el aliento y la ayuda para la realización de este proyecto de diversos individuos que incluyen a esposos, empleados, amigos y otros compañeros. El espacio no nos permite identificarlos por su nombre, pero cada una de nosotras les dice "gracias", de corazón, por sus oraciones, sugerencias y ayuda práctica.

También queremos decir "gracias" en forma conjunta a:

El Consejo sobre Hombría y Feminidad Bíblica (CBMW) y Vida Familiar (FL); los dos ministerios que copatrocinaron la conferencia sobre "Cómo edificar familias fuertes en la iglesia" en marzo de 2000, donde se presentaron estos mensajes por primera vez como parte de las sesiones de los talleres de trabajo.

Wayne Grudem (el entonces presidente de CBMW) y Dennis Rainey (Director Ejecutivo de FL) por el liderazgo de estos ministerios estratégicos y por su fidelidad para levantar en alto el estandarte de la Verdad en una época en la que hace falta tener mucho valor para hacerlo. Agradecemos a Dios por haber dado a la iglesia hombres como estos y oramos para que Él les conceda favor y multiplique sus esfuerzos para su gloria.

Crossway Books y Lane Dennis (presidente) por su denodado compromiso con la Verdad y por su visión para la publicación de esta serie. Gracias por considerar en oración lo que la iglesia necesita escuchar en el siglo XXI, y por el esfuerzo de penetrar en la oscuridad con la esplendorosa luz de los caminos de Dios.

Ted Griffin por ser un verdadero siervo del Señor y de su pueblo. Gracias por asumir la ingrata responsabilidad de revisar, editar y ayudar para dar forma a este libro y por recopilar los índices [de la edición en inglés] que han hecho de éste un recurso más útil.

¡Solo a Dios sea la gloria!

ESCRITORAS

NANCY DEMOSS WOLGEMUTH es la anfitriona y maestra de *Revive Our Hearts* [Aviva nuestros corazones] y *Seeking Him* [En busca de Dios], dos programas radiales emitidos nacionalmente y escuchados entre semana en casi mil emisoras radiales. Desde 1979, forma parte del equipo de *Life Action Ministries* en Niles, Michigan. Nancy ha expresado su gran preocupación por un avivamiento personal y corporativo, en conferencias y retiros que se llevan a cabo en los Estados Unidos y el exterior. Además, es una autora de éxito editorial. Sus libros incluyen: *Escoge perdonar*, *El lugar apacible*, *Mentiras que las mujeres creen y la verdad que las hace libres*, *El cielo gobierna*, y la trilogía de *Aviva nuestros corazones*: *Quebrantamiento: El corazón avivado por Dios*, *Rendición: El corazón en paz con Dios*, y *Santidad: El corazón purificado por Dios*. Además, es coautora de *Mentiras que las jóvenes creen* y editora general de la *Biblia devocional Mujer Verdadera*.

BARBARA HUGHES apoyó el ministerio pastoral de su esposo, Kent, durante 41 años, mientras criaba a sus cuatro hijos. Tienen veintiún nietos. Barbara es una maestra muy requerida para grupos de mujeres y diversos estudios bíblicos. Es autora de *Las disciplinas de una mujer piadosa*, en el cual recomienda la disciplina espiritual como el sustento de una relación significativa con Dios. Además, Barbara es coautora, con su esposo, de tres libros: *Common Sense Parenting* [Ser padres con sentido común]; *Liberating Ministry from the Success Syndrome* [El ministerio libre del síndrome del éxito] y *Disciplines of a Godly Family* [Las disciplinas de una familia piadosa].

SUSAN HUNT es esposa de pastor, madre, abuela y asesora del Ministerio de la mujer norteamericana en la iglesia Presbiteriana. Posee un título de Educación Cristiana del Seminario Teológico de Columbia. La carga de Susan por las mujeres y especialmente por la feminidad bíblica, es evidente en varios de sus libros, los cuales incluyen: *La verdadera mujer*; *Heirs of the Covenant* [Herederas del pacto]; *Por diseño: El singular llamado de Dios para las mujeres; Spiritual Mothering: The Titus 2 Mandate for Women Mentoring Women* [Maternidad espiritual: El mandato de Tito 2 de la mujer que enseñe a otra mujer]; y *Your Home—A Place of Grace* [Tu hogar: Un lugar de gracia]. Susan es coautora de *El legado de la feminidad bíblica* y escribió dos libros para niños, que incluyen *My ABC Bible Verses* [Mis primeros versículos de la Biblia]. Susan es miembro del Consejo sobre hombría y feminidad bíblica y coautora con Ligon Duncan de *El ministerio de mujeres en la iglesia local.*

MARY KASSIAN, fundadora y presidenta de *Alabaster Flask Ministries*, motiva a la mujer a buscar a Dios con pasión y deleitarse en sus designios. Además de ser esposa y madre de tres hijos, Mary es conferencista y maestra de la Biblia conocida internacionalmente y miembro del Council on Biblical Manhood and Womanhood [Consejo de hombría y feminidad bíblica]. Es una distinguida profesora de estudios para mujeres en el Seminario Teológico Bautista del Sur en Louisville y autora de varios libros y videos entre los cuales están: *Chicas sabias en un mundo salvaje*; *The Feminist Mistake: The Radical Impact of Feminism in Church and Culture* [El error feminista: El efecto radical del feminismo en la iglesia y la cultura]; *Women, Creation, and the Fall* [La mujer, la creación y la caída]; *En la casa de mi padre: Cómo encontrar su verdadero hogar*; y *Conversation Peace: Improve Your Relationships One Word at a Time* [Paz en las conversaciones: Mejore sus relaciones una palabra a la vez]. Es coautora también de *Mujer Verdadera 101* y *Mujer Verdadera 201.*

CAROLYN MAHANEY es la esposa de C. J. Mahaney, director de *Sovereign Grace Ministries.* Además de ser ama de casa, madre de cuatro hijos y abuela de siete nietos, Carolyn predica en conferencias y reuniones para mujeres. Junto a sus tres hijas casadas comunican verdades bíblicas sobre la feminidad y otros temas de mujeres a través de un blog diario llamado "*Girl Talk*" [Charla de mujeres]. Carolyn es autora de *Feminine Appeal: Seven Virtues of a Godly Wife and*

Mother [El atractivo femenino: Siete virtudes de una esposa y madre piadosa]; *Girl Talk: Mother-Daughter Conversations on Biblical Womanhood* [Charla de mujeres: Conversaciones de madre a hija sobre la feminidad bíblica]; y *Shopping for Time: How to Do It All and Not Be Overwhelmed* [Hacerse tiempo: Cómo hacerlo todo sin agobiarse]. Además, escribió una sección para esposas en el libro de su esposo, C. J. Mahaney, *Sexo, romance y la gloria de Dios.*

DOROTHY KELLEY PATTERSON es una madre activa, abuela y ama de casa, y habitualmente da clases bíblicas y predica en conferencias para mujeres. Es profesora de teología en estudios de mujeres del Seminario Teológico del Sur en Fort Worth, Texas, donde su esposo, Paige Patterson es presidente. Es miembro del Council on Biblical Manhood and Womanhood [Consejo de hombría y feminidad bíblica]. Como exitosa escritora de libros y artículos, Dorothy Patterson es autora de *The Family: Unchanging Principles for Changing Times* [La familia: Principios inalterables para épocas diferentes]; *BeAttitudes For Women* [Bienaventuranzas para mujeres]; *A Woman Seeking God* [La mujer que busca a Dios]; *A Handbook for Parents in Ministry* [Un manual para padres en el ministerio]; *A Handbook for Minister's Wives* [Un manual para esposas de ministros]; y *Where's Mom? The High Calling of Wives and Mothers* [¿Dónde está mamá? El llamado supremo de las esposas y las madres]. Además es la Editora General de *The Woman's Study Bible* [La Biblia de estudio para mujeres].

P. BUNNY WILSON y su esposo, Frank, han estado casados desde 1973. Tienen seis hijos y viven en el sur de California. Ella es fundadora y presidenta de *New Dawn Productions.* Como autora, consejera, oradora y maestra dotada, ha aparecido en varios programas de radio y televisión que incluyen *The Oprah Winfrey Show* [El show the Oprah Winfrey]; *The 700 Club* [El Club 700]; *Woman to Woman* [De mujer a mujer]; *Beverly LaHaye Live* [Beverly LaHaye en vivo]; *Today's Family: USA Radio Network* [La familia de hoy: Cadena radial de los Estados Unidos]; y otros. Bunny es autora *de Liberated Through Submission* [Liberadas mediante la sumisión]; *Betrayal's Baby* [El bebé de la traición]; *Knight in Shining Armor*

[El príncipe azul]; *The Master's Degree: Majoring in Your Marriage* [Una licenciatura con especialización en tu matrimonio]; *Seven Secrets Women Want to Know* [Los siete secretos que las mujeres quieren saber]; *Night Come Swiftly* [La noche llega rápidamente], y las series *Are You Looking for God?* [¿Estás buscando a Dios?].

INTRODUCCIÓN

Nancy DeMoss Wolgemuth

EN 1990, LA REVISTA *TIME* dedicó una edición especial completa al tema de las mujeres.[1] La columna del director editorial comenzaba:

> Aproximadamente la mitad de la población mundial la constituyen mujeres que difícilmente necesiten luchar para llamar la atención. Sin embargo, luchar es lo que precisamente han estado haciendo en las últimas décadas del siglo XX. Sus esfuerzos merecen no menos que la palabra revolución: en expectativas, logros, realización personal y relación con los hombres. Es una revolución que, aunque lejos de ser total, promete con el tiempo originar cambios más profundos, tanto para los hombres como para las mujeres, que cualquiera de los que han ocurrido en Europa del Este o la Unión Soviética el año pasado.[2]

La edición especial de ochenta y seis páginas incluía artículos sobre dicho progreso revolucionario como "el camino a la igualdad", la psicología del desarrollo femenino, los cambios de roles de las mujeres en la fuerza laboral, las mujeres como consumidoras, el cambio de perspectiva en el matrimonio y la familia y los obstáculos que las mujeres enfrentan en la búsqueda de carreras políticas.

Una sección presentaba la reseña biográfica de "10 mujeres de gran tenacidad", que han combinado "talento y dinamismo" para llegar a ser "exitosas" en su profesión: la jefa de policía de una importante fuerza policial metropolitana, la propietaria de un equipo de béisbol, una artista de rap, una activista en la lucha contra el SIDA, una alpinista, la obispa de una denominación tradicional, una magnate en la industria de la moda, una saxofonista, una cacique indígena y una coreógrafa. Estas mujeres han sido aclamadas mayormente por su éxito en la vocación que escogieron.

Pero en aquella edición brilló por su ausencia el reconocimiento a mujeres que han alcanzado el éxito en ámbitos no vinculados a la profesión; mujeres que han estado satisfactoriamente casadas con el mismo hombre o que se han dedicado a la crianza de hijos que están aportando una contribución positiva a la sociedad. Como era de esperar, no se hizo ninguna mención de aquellas mujeres que son respetuosas, conservadoras o castas y puras, o suaves y tiernas, por amar a su esposo e hijos, por mantener un hogar limpio y bien ordenado, por cuidar a sus padres ancianos, por proporcionar hospitalidad, por sus actos de bondad, servicio y misericordia, o por demostrar compasión por el pobre y necesitado; la clase de éxito que, conforme a la Palabra de Dios, es lo que las mujeres deberían aspirar alcanzar (1 Ti. 5:10; Tit. 2:3-5).

Me espantó el hecho de que aunque el trabajo periodístico de la revista *Time* presentaba mujeres en diferentes papeles y entornos, se hicieron muy pocas referencias al hogar. Las pocas referencias al matrimonio y la familia destacaban a "mujeres solteras que prefieren tener hijos sin casarse",[3] padres que se ocupan del hogar, madres divorciadas, lesbianas y madres que trabajan; todos evidencias del predominio de esta revolución que reconoce todos los estilos de vida como elecciones igualmente válidas, excepto tal vez los de aquellas mujeres que decidieron centrar su corazón y vida en su familia. Las lectoras que han escogido la vocación de amas de casa sin duda podrían haberse visto afectadas por el único y escueto artículo sobre esposas, titulado: "Cuidado: Trabajo peligroso". El subtítulo decía: ¿Está buscando una seguridad económica perdurable? No invierta en las tareas domésticas".[4]

Mi intención en esta introducción no es tanto abordar el asunto de las mujeres y su profesión como destacar cuánto se igualó la identidad y el valor de las mujeres con el papel que desempeñan en la comunidad o en el mercado laboral. Así es como se define, se mide y se experimenta su valor. En cambio, se le asigna poca prioridad o valor al papel que desempeña en el hogar.

Al leer comentarios como los hechos por la revista *Time*, me siento profundamente apenada por lo que se ha perdido en medio de esta revolución: la belleza, la maravilla y el tesoro de la característica, el llamado y la misión distintivos de la mujer.

No debería causarnos gran sorpresa que el mundo secular esté confundido y muy lejos de entender la identidad y la vocación de la mujer. Pero encuentro preocupante hasta qué punto la revolución descrita anteriormente se ha implantado dentro del ámbito del mundo evangélico.

Vemos el fruto de dicha revolución cuando oradoras, autoras y líderes cristianas prominentes promueven una agenda en la cual, sutil o manifiestamente, motivan a las mujeres a definir y descubrir su valor en el ámbito laboral, en la sociedad o en la iglesia, mientras minimizan (o incluso a costa de) sus papeles distintivos en el hogar como hijas, hermanas, esposas y madres; como aquellas que dan y crían una vida; como aquellas que cuidan de los suyos; como aquellas privilegiadas y responsables de formar el corazón y el carácter de la próxima generación.

Se creía que la revolución femenina nos traería mayor satisfacción y libertad. Se creía que nos haría sentir mejor con nuestra condición de mujer; después de todo: "¡Has recorrido un largo camino, muchacha!". Pero vemos el fruto venenoso de la revolución y el lastimoso llanto de mujeres que se están hundiendo en el pantano de una serie de divorcios y segundas nupcias e hijos descarriados; mujeres que están completamente exhaustas por las exigencias y los malabarismos que deben hacer para tener uno o más empleos, desenvolverse como madre soltera y colaborar en la iglesia; mujeres que están desorientadas y confundidas, que carecen de un sentido de la misión, visión y propósito para su vida y que están permanente y patéticamente llenas de heridas, falta de confianza en sí mismas, resentimiento y culpa.

Sí, la revolución ha llegado a la iglesia. Y cuando se evalúan las ganancias y las pérdidas, no hay duda de que las mujeres han sido las perdedoras; como lo han sido su esposo y sus hijos y sus nietos; como lo ha sido toda la iglesia; como lo ha sido nuestra cultura perdida e incrédula.

Hace algunos años, un nuevo sentido de la misión comenzó a inquietar mi corazón. Desde aquel entonces, el sentido del pesimismo y la desesperanza por la revolución que nos está consumiendo ha sido reemplazado por una firme esperanza y gran entusiasmo.

Me llamó la atención un estudio sobre el desarrollo del feminismo moderno (el feminismo en sí, en realidad, se remonta al huerto del Edén), por el hecho de que esta revolución masiva no comenzó como una revolución masiva. Comenzó en el corazón de un puñado relativamente pequeño de mujeres con un plan de acción, mujeres que eran determinadas e intencionadas en sus esfuerzos; comenzó con pocos libros y discursos de gran influencia; se propagó por todos los hogares de los Estados Unidos (donde las mujeres estaban en esa época) hasta que llegó a ser un sentimiento general; se propagó al hacer una descripción de la difícil condición de las mujeres (de hecho, engañosa) y al crear una visión de cómo las cosas podrían ser diferentes; esto encendió la indignación, el anhelo y la esperanza en el corazón de las mujeres y dio inicio a una negación a conformarse con la condición existente.

Al meditar en estas cosas, pienso qué pasaría en nuestros días si una pequeña cantidad de mujeres piadosas e intencionadas comenzaran a orar y a creer a Dios por una clase de revolución diferente —una *contrarrevolución*— dentro del mundo evangélico. ¿Qué pasaría si un "remanente" de mujeres estuviera dispuesto a arrepentirse, a regresar a la autoridad de la Palabra de Dios, a aceptar las prioridades y propósitos de Dios para su vida y su hogar, y a manifestar la belleza y la maravilla de la feminidad conforme al plan de Dios?

Desde luego, soy consciente de que este tipo de mujeres siempre será una minoría (como lo eran las primeras feministas). Puesto que esta compulsión interna ha crecido, me ha alentado la promesa de que "[una]... de [vosotras] perseguirá a mil; porque Jehová vuestro Dios es quien pelea por vosotros, como él os dijo" (Jos. 23:10). He llegado a creer que la medida del éxito no es si "ganamos" la guerra (pues sabemos que, al final, esta batalla ya ha sido ganada), sino si estamos dispuestas a "librar" una batalla.

Para que me puedas entender, tienes que saber que no soy una persona luchadora por naturaleza. Y a medida que pasan los años, me encanta más el estilo de vida simple, anónimo y sin complicaciones. Siempre fui renuente a implicarme en lo que sabía que sería una vida en contra de la corriente (incluso en la iglesia); nunca me gustó la idea de ser siempre políticamente incorrecta. Pero mi pasión por la gloria de Dios es mayor que mis temores y reservas. Y Dios se glorifica a través de mujeres agradecidas, confiadas, obedientes, compasivas, serviciales, virtuosas, gozosas, femeninas, que reflejen a nuestro mundo el corazón y el carácter del mismo Señor Jesucristo.

Cuando estamos llenas de su Espíritu, irradiamos su belleza y hacemos que el evangelio sea creíble.

A diferencia de la mayoría de las revoluciones, esta contrarrevolución no requiere que nos manifestemos por las calles o enviemos cartas al congreso, ni siquiera que nos afiliemos a otra organización. No es necesario que dejemos nuestro hogar; de hecho, a muchas mujeres se las llama a volver a su hogar. Solo es necesario que nos humillemos, que aprendamos, afirmemos y vivamos el patrón de la feminidad bíblica, y que enseñemos los caminos de Dios a la próxima generación. Es una revolución que tendrá lugar cuando nos pongamos de rodillas y oremos.

Cuando acepté el llamado de Dios de ser parte de esta contrarrevolución, descubrí que no estoy sola. En cada lugar donde hablé de esta visión, encontré que "un abismo llama a otro abismo"; el llamado a regresar a la feminidad bíblica resuena en el corazón de mujeres cristianas que han probado el fruto amargo de la revolución feminista y que saben, en lo profundo de su ser, que los caminos de Dios son rectos.

Además, conocí a varias mujeres que son estudiantes responsables de la Palabra y que tienen la gracia particular de comunicar el plan de Dios para nuestra vida como mujeres. Qué gozo fue hablar con algunas de estas mujeres en la conferencia *Cómo edificar familias fuertes en la iglesia*, copatrocinado en marzo de 2000 por FamilyLife y el Council on Biblical Manhood and Womanhood [Consejo de hombría y feminidad bíblica]. Nuestro corazón late con la misma pasión para ver la gloria de Dios en nuestros hogares y nuestras iglesias cuando las mujeres aceptan el llamado que Dios les ha dado.

Las mujeres que condujeron los talleres de trabajo en aquella conferencia, y cuyos mensajes se presentan aquí por escrito, representan una variedad de trasfondos y experiencias de vida. Ellas enfocan el tema de la feminidad bíblica en el hogar desde diversos ángulos y estilos de enseñanza. Pero de principio a fin corre la misma sensación de regocijo por la grandeza del orden que Dios creó, y la parte que nosotras como mujeres desempeñamos en su supremo plan de redención.

Estas mujeres se unen a mí para invitarte a ser parte de esta contrarrevolución —que se libra no con las armas del enojo, el descontento, la rebeldía y el rencor, sino con humildad, obediencia, amor y oración— a creer que, en el tiempo de Dios, los cambios que se produzcan serán realmente más profundos y superiores que cualquiera de los cambios sociopolíticos masivos que nuestro mundo ha experimentado en esta generación.

Aunque no ha sido escrito en el contexto del tema en cuestión, esta oración de John Greenleaf Whittier plasma en parte la idea central de este libro y del movimiento que creemos que Dios dará a luz en nuestros días:

¡Amado Señor y Padre celestial,
perdona nuestra necedad!
Revístenos de una mente justa y cabal;
que nuestras vidas en servicio podamos dar,
en alabanza y mayor profundidad.

Como los que escucharon con confianza y fervor,
junto al mar de Siria parados,
el tierno llamado del Señor,
ahora también nosotros a ti con honor
nos levantemos y te sigamos.

Deja caer el sereno rocío de tu paz
hasta que nuestra lucha cese.
Quita de nuestra alma la tensión y el estrés,
para que la belleza de tu paz,
nuestra metódica vida confiese.

PARTE UNO

La gloria de ser mujer según el designio de Dios

FEMINIDAD: LA PERSPECTIVA BÍBLICA

Carolyn Mahaney

CUANDO MI HIJA MAYOR, Nicole, se casó, decidió ambientar su boda con una temática particular: su obra favorita de Shakespeare, *Mucho ruido y pocas nueces*. Además de la decoración del Renacimiento italiano con sus pértigas, guirnaldas de flores y buqués aromáticos, se siguió la misma temática en la recepción, donde los invitados se deleitaron con cuatro escenas de la obra, interpretadas por el grupo de teatro de nuestra iglesia. Aunque se escribió a finales del siglo XVI, las agudas discusiones entre la astuta e independiente Beatriz y su reacio amor, Benedicto, son para todas las épocas y se asemejan a las de cualquier comedia romántica moderna:

> BEATRIZ: Me asombra que sigáis hablando todavía, signior Benedicto. Nadie repara en vos.
>
> BENEDICTO: ¡Cómo! Mi querida señora Desdén, ¿vivís aún?
>
> BEATRIZ: ¿Es posible que muera el Desdén, cuando puede cebarse en tan buen pasto como el signior Benedicto? La propia galantería se trocara en desdén si estuvierais vos en su presencia.[1]

Aunque el lenguaje es arcaico, la observación perspicaz de Shakespeare acerca de la guerra de los sexos es tan moderna hoy como cuando se escribió. La sarcástica Beatriz, o "señora desdén" como Benedicto la llama acertadamente, sigue siendo célebre en nuestra cultura. Ella es una mujer que compite con los hombres de su vida y es irrespetuosa con sus palabras y acciones. Lamentablemente, este es el modelo que muchas jóvenes imitan al crecer.

Aunque me alegra que Nicole disfrute de una obra clásica de Shakespeare, me agrada más que tenga una perspectiva bíblica de la feminidad. Sin la Palabra de Dios como ancla, las mujeres modernas tienden a irse a los extremos; o aceptan cualquier caricatura de la feminidad o la rechazan del todo. La feminista secular, Susan Brownmiller resume la confusión en su libro *Femininity* [Feminidad]: "Hasta cierto punto, todas las mujeres imitan la feminidad".[2] La definición de feminidad de la señora Brownmiller es también alarmante. "La feminidad, en esencia, es un sentimiento romántico, una tradición nostálgica de limitaciones impuestas", escribe ella.[3]

La Biblia les otorga a las mujeres mucho más honor, esperanza y libertad que esta definición de feminidad. No tenemos que imitar a nadie, mucho menos soportar limitaciones. Los pasajes de las Escrituras que hablan de las mujeres y de una feminidad piadosa están impregnados de dignidad y propósito. El Dios que creó la feminidad tiene un propósito y plan maravillosos para la mujer.

CREADAS SEGÚN EL GÉNERO FEMENINO

Volvamos a ver el inicio de la feminidad en los albores de la creación. Génesis lo expresa con una magnífica simpleza:

> "Y creó Dios al hombre a su imagen, a imagen de Dios lo creó; varón y hembra los creó... Entonces Jehová Dios hizo caer sueño profundo sobre Adán, y mientras éste dormía, tomó una de sus costillas, y cerró la carne en su lugar. Y de la costilla que Jehová Dios tomó del hombre, hizo una mujer, y la trajo al hombre" (Gn. 1:27; 2:21-22).

Este pasaje nos muestra que la mujer fue una hermosa obra de las manos de Dios, nuestro Creador. La mujer fue idea de Dios; fue su creación. De hecho, cuando leemos el relato completo de la brillante creación de Dios, descubrimos que la mujer fue el último designio de todo lo que creó. Fue la última de sus obras. ¿Nos atreveríamos a decir que Dios dejó lo mejor para el final? (¡No creo que podamos enorgullecernos demasiado en ese hecho cuando recordamos quién fue la primera en comer del fruto prohibido!).

La observación importante aquí es que *Dios* nos creó, y ser creación de Dios determina todo para nosotras como mujeres. No dependemos de nuestra cultura para encontrar nuestra identidad femenina; no consultamos nuestros sentimientos para descubrir nuestro propósito. Todo lo que somos y todo lo que hacemos tiene su origen en Dios.

No somos mujeres por simple casualidad; nuestro género no es accidental. Fuimos creadas intencionada y deliberadamente. Fuimos predeterminadas y predestinadas por un Dios lleno de sabiduría, poder y amor.

Esto significa que cuando Dios creó la primera mujer, hizo una criatura completamente femenina. Ni tú ni yo llegamos a ser femeninas porque alguien nos dio una muñeca y nos puso un vestido; nacimos según el género femenino porque *fuimos creadas* así.

La doctrina feminista de nuestra época sostiene el concepto de que la feminidad es un asunto de condicionamiento cultural. Muchas feministas argumentan que la única diferencia fundamental entre los hombres y las mujeres es nuestra anatomía; pero Génesis enseña algo distinto. Puesto que Dios creó al ser humano como varón y hembra, las mujeres somos congénitamente femeninas. Sin duda alguna, la mujer puede acentuar su feminidad o desvirtuarla, pero no puede cambiarla; nuestros cromosomas del sexo se encuentran en cada célula de nuestro cuerpo. Nuestra feminidad es un don de la gracia de un Dios lleno de amor.

LLAMADAS PARA SER UNA AYUDA IDÓNEA

En el huerto, Dios hizo al hombre y a la mujer compañeros en la mayordomía de la creación, pero con papeles diferentes, divinamente asignados. "Y dijo Jehová Dios: No es bueno que el hombre esté solo; le haré ayuda idónea para él" (Gn. 2:18). Es por ello que Dios creó a Eva de Adán. Ella fue creada para ser una ayuda idónea para él, para complementarlo, apoyarlo y colaborar con él en la tarea que Dios le había encomendado. Pablo resume el plan de la creación al decir: "Porque el varón no procede de la mujer, sino la mujer del varón, y tampoco el varón fue creado por causa de la mujer, sino la mujer por causa del varón" (1 Co. 11:8-9). John Piper define muy bien este propósito específicamente femenino: "La clave de una feminidad bien desarrollada es la libre disposición a afirmar, recibir y fomentar la fortaleza y el liderazgo de hombres dignos, de un modo apropiado a las diferentes relaciones de una mujer".[4]

Observemos la frase "diferentes relaciones". No solo en el contexto del matrimonio podemos expresar nuestra feminidad. Fuimos creadas femeninas; esto es un estado que no se confiere en el matrimonio. No esperamos hasta llegar al altar matrimonial para manifestar abiertamente nuestra feminidad. Aunque es levemente diferente cuando somos solteras que cuando estamos casadas, toda mujer es llamada a manifestar su feminidad en una variedad de relaciones.

Por favor, no me malinterpreten. Esto no significa que permitimos que los hombres nos conduzcan al pecado o nos alejen de las prioridades de Dios en nuestra vida. Sino que estamos *predispuestas* a afirmar el liderazgo y la iniciativa de los hombres que nos rodean.

Muchachas solteras, por favor, disfruten (apropiadamente) como ayudas idóneas en las diferentes relaciones con los hombres de esta etapa de sus vidas, y confíen en Dios para su futuro. Les animo a estar en paz en esta etapa de sus vidas. Si el Señor ha predeterminado el matrimonio para ustedes, entonces pueden tener la plena seguridad de que él también es el mejor casamentero. Fue Dios el que dijo que no era bueno que el hombre estuviera solo. No tenemos antecedentes de que Adán se hubiera quejado de alguna carencia. Antes bien, fue Dios el que declaró que la soledad no era buena para el hombre. Dios fue quien hizo que el hombre se apercibiera de su necesidad de una mujer. Por lo que incluso cuando en la vida de ustedes pueda haber un hombre soltero que parezca no ser consciente de su necesidad de una mujer, *Dios lo es.* Así como lo hizo con Adán, Dios puede irrumpir en la vida de ese hombre soltero y hacerle reconocer su deseo de una compañía. Descansar en esta verdad las hará libres de la tentación de la manipulación, la queja o la amargura; tres características que opacan grandemente el brillo de la feminidad.

En todas nuestras relaciones, deberíamos permitir que hombres piadosos practicasen un humilde liderazgo. Pero animo especialmente a las muchachas solteras a pedirle al Señor que les conceda la creatividad de inspirar a los hombres a ejercer su liderazgo. Desde luego, esto no siempre resulta fácil, y no les estoy prometiendo que todos los hombres lo harán automáticamente. Lo que importa es que ustedes estén cultivando el hábito de dar cabida al liderazgo de los hombres en sus vidas.

Hay hombres que el Señor ha provisto para esta etapa de sus vidas —padres, jefes, amigos— y ellos necesitan saber que ustedes están "predispuestas", en vez de resistirse obstinadamente a su liderazgo. La forma de estimular un piadoso liderazgo en ellos es pidiéndoles consejo antes de tomar sus propias decisiones. La forma de respetarlos es evitando quejarse pecaminosamente ante los demás acerca de sus acciones o decisiones y resistiéndose a cuestionar sus acciones en público. Cuando sea procedente, deberíamos hacer preguntas, disentir respetuosamente y ofrecer nuestro consejo. Pero debemos guardar nuestro corazón para no permitir que la actitud de nuestra cultura de falta de respeto de las mujeres para con los hombres impregne nuestra perspectiva de su liderazgo. Si no están seguras de que les esté yendo bien en este aspecto, pregúnteselo a los hombres que las rodean.

¿ES ESTO DE AYUDA PARA MI ESPOSO?

Si eres una mujer casada, el Señor te llama a expresar tu feminidad más particularmente en el contexto del matrimonio. En algunos aspectos, este es un llamado muy parecido al de la mujer soltera, pero en especial más definido y dirigido hacia tu esposo. La forma de manifestar tu feminidad es cuando estás junto a tu esposo y le ayudas en la labor que Dios le ha encomendado. El autor Douglas Wilson hace una descripción maravillosa del matrimonio cristiano donde el esposo y la esposa se complementan:

> El hombre necesita ayuda; la mujer necesita ayudar. Dios creó el matrimonio para que tengan compañía en la tarea del dominio. El mandato cultural, el requisito de llenar y sojuzgar la tierra, aún sigue vigente; y un esposo no puede cumplir esta parte de la tarea solo. Necesita una compañera idónea en la labor que Dios le ha encomendado. Él ha sido llamado a cumplir un trabajo y necesita ayuda de ella. Ella ha sido llamada a cumplir la misión de atenderlo a él. Él está dedicado a la tarea, y ella está dedicada a él.[5]

Esposas, todas tenemos la misma descripción del trabajo: Somos colaboradoras de nuestro esposo. Si se están preguntando acerca de una tarea en particular, deberían hacerse esta importante pregunta: *¿Es esto de ayuda para mi esposo?* Por lo general, esta simple pregunta hará que las decisiones de ustedes sean claras. Mi problema es que con suma frecuencia me olvido de hacer esta pregunta. De hecho, tengo que confesar que muchas veces mi enfoque, en realidad, está en mí y no en mi esposo. En muchas ocasiones, he buscado oportunidades o tomado decisiones en mi beneficio y no en el de mi esposo.

Esta tendencia se ve ejemplificada regularmente en las tareas rutinarias de la vida. Hace poco, estaba ordenando varios estantes desordenados de la alacena de mi cocina. Mientras estaba trabajando, recordé que también tenía que ordenar el armario del baño. En varias ocasiones, mientras mi esposo hurgaba entre los cajones desordenados del armario del baño, me había pedido amablemente que los ordenara cuando pudiera. Y yo siempre le decía que en ese momento no tenía tiempo, pero que lo haría tan pronto pudiera. Sin embargo, aquel día, mientras ordenaba la alacena de la cocina, me di cuenta que el problema no era que no tenía tiempo de ordenar el armario del baño; la verdad era que, en realidad, no me importaba el armario del baño. Yo quería que la alacena de la cocina estuviera ordenada, porque era para *mi* beneficio. Mi enfoque no estaba dirigido hacia lo que mi esposo prefería, sino hacia lo que yo prefería.

Mi enfoque egoísta no solo ha sido evidente en la manera de cuidar mi casa, sino en otros ámbitos también. En una ocasión, Dios lo puso en evidencia cuando me ofrecí a preparar una comida para una amiga necesitada. Desde luego, parecía ser una noble misión; pero me ofrecí voluntariamente sin consultárselo a mi esposo ni pensar si a él le parecería bien. Simplemente decidí llevar a cabo mi propio plan porque a mí me pareció bien. Cuando mi esposo se enteró de que me había ofrecido a preparar una comida para mi amiga, me señaló cariñosamente que no era un buen momento para que yo realizara ese tipo de servicio. Era una etapa en la cual teníamos muchas otras responsabilidades, compromisos de viajes y conferencias. No estaba atendiendo a mi esposo y a mi familia al añadir otra tarea a nuestra vida ajetreada en ese momento.

Al reflexionar sobre aquella situación, me di cuenta de que había accedido a preparar aquella comida, porque quería causar una buena impresión ante mi amiga. Yo quería que ella supiera que yo era tan buena amiga como las otras mujeres que le llevaban comida. Si ella hubiera conocido mis obligaciones y responsabilidades en ese momento, estoy segura de que me hubiera disuadido de realizar esa tarea. Pero yo no estaba pensando en ello; estaba buscando causarle una buena impresión. Después de confesar ante Dios y mi esposo mi orgullo de querer promoverme a mí misma, terminé comprando comida de un restaurante para llevarle a mi amiga. Algo que podría haber evitado si me hubiera preguntado: *¿Es esto de ayuda para mi esposo?* De ese modo, podría haber determinado rápidamente que no era sabio preparar una comida para mi amiga aquella semana en particular.

Esposas, en vista de la instrucción del Señor para nosotras, tenemos que hacernos preguntas difíciles constantemente: ¿Cuido de mi hogar en beneficio de mi esposo o en el mío? ¿Organizo mi tiempo de un modo que preste ayuda a mi esposo o me convenga a mí? ¿La manera que sirvo a los demás es de apoyo para mi esposo o es para promoverme a mí misma? ¿Le pido una opinión a mi esposo antes de comprometerme con un plan? ¿Estoy enfocada en él y en la labor que Dios le ha encomendado? Nosotras honramos al Señor cuando atendemos a nuestro esposo de un modo que acentúe nuestro papel como compañeras y colaboradoras.

CREADAS PARA PROCREAR

Recuerdo una vez, en un vuelo de avión, estar sentada junto a una mujer que estaba escribiendo unos sobres. Entablamos conversación, y ella me dijo que estaba enviando las invitaciones de boda de una de las hijas y de la graduación de la otra. Estaba por felicitarla cuando admitió: "¡Qué bueno es librarse de las dos al mismo tiempo!".

La verdad es que sentí náuseas cuando escuché eso. Agradecí que sus hijas no estuvieran allí para escuchar sus palabras. Aunque es una actitud común de muchas mujeres en nuestra cultura, no debería caracterizarnos como cristianas. Dios pretende que disfrutemos de nuestra condición de madres y nos deleitemos con nuestros hijos.

Como mujeres, fuimos creadas para dar a luz vida. Nuestro cuerpo ha sido diseñado con la capacidad de ser madre: concebir, portar y dar a luz una vida. De hecho, nuestro cuerpo se prepara una y otra vez para concebir y dar a luz. Expresamos nuestra feminidad al aceptar con gratitud cada etapa de la maternidad, y al recibir y criar a cada hijo como un don de la gracia de Dios.

De ningún modo esto excluye a las mujeres solteras. Como Elisabeth Elliot nos recuerda, una mujer soltera podría criar muchos hijos: "¡Ella *puede* tener hijos! Podría ser una madre espiritual, como lo fue Amy Carmichael, mediante la ofrenda de su soltería, transformada para bien de muchos más hijos de lo que una madre natural podría engendrar. Todo es recibido y santificado por Aquel al que se ofrenda".[6]

Las mujeres solteras sin hijos también pueden expresar su feminidad al criar los hijos de otras personas. Cuando cuidas los hijos de alguna familia, estás manifestando tu feminidad. Cuando atiendes y ayudas cuidando de los hijos de otra familia, estás mostrando la feminidad que Dios te dio. Cuando enseñas a niños, patrocinas internacionalmente a un niño necesitado, te alistas como voluntaria en un centro de emergencia para embarazadas o estableces relaciones con tus sobrinos, estás dando fruto en este ámbito. Le doy gracias a Dios por todas las mujeres solteras en mi vida y por las incontables veces que cuidaron de mis hijos, y les brindaron amor como si fueran suyos. Nosotras, las madres, queremos decirles gracias por bendecirnos de esta manera. Significan mucho para nosotras y estamos muy agradecidas. Pero están haciendo más que bendecirnos; están honrando a Dios al invertir desinteresadamente en la vida de otros niños.

LAS CRISIS DE LA MATERNIDAD

Si tenemos hijos, agradamos a Dios cuando encontramos gozo en el ejercicio de nuestra función de madres. Pero ¿qué podemos decir de aquellas veces cuando encontramos nuestra función de madre como una carga? ¿Qué podemos decir de esas veces cuando no tenemos gozo o nos sentimos abrumadas por las exigencias interminables? La maternidad es una enorme responsabilidad, una enorme tarea. De hecho, probablemente no haya otra profesión que requiera mayor sacrificio y servicio. No es nada fácil ser una buena madre. Como una mujer dijo: "Puede ser extenuante, angustioso y estresante; ¡y esto solo por la mañana!". Es fácil cansarse y centrarse en todos los sacrificios que se hacen, en vez de dirigir la atención al gozo que puede producir la maternidad.

Recuerdo claramente un fin de semana en particular cuando tuve una de las crisis de la maternidad. Mis dos hijas mayores tenían cinco y cuatro años, la más pequeña todavía era bebé, y mi esposo había tenido que hacer un viaje ministerial. Las niñas mayores contrajeron un fuerte virus estomacal, y yo estaba las veinticuatro horas del día limpiando constantemente detrás de ellas. Desde luego, nunca llegaban hasta la palangana que estaba a mano para cuando tuvieran ganas de vomitar. Así que todo el tiempo estaba limpiando vómitos, cambiando pañales y lavando interminables cargas de ropa sucia. No tenía respiro, y estaba totalmente exhausta. Recuerdo pensar: *¿Es realmente importante lo que estoy haciendo? Afuera hay mujeres que trabajan de 9 a 5 y ¡parecen estar haciendo algo mucho más importante que esto!* Aquel fue un tiempo de desaliento y agotamiento emocional.

Cuando mi esposo regresó, me relevó una mañana para que saliera a despejarme, como solíamos hacer semanalmente. Agarré mi Biblia y me senté en un rincón de un restaurante de comida rápida del barrio, para pedirle desesperadamente a Dios que me diera una fresca visión de la labor de ser madre. Al orar y estudiar la Palabra de Dios, el Señor me reveló que yo no era "sencillamente" una madre, sino que Dios me había *llamado* a ser madre. La perspectiva de tener un llamado le dio a la maternidad todo un nuevo significado, y me arrepentí de mis quejas y descontento.

Es común que, con el cansancio, las madres carezcamos de una perspectiva bíblica y necesitemos una fresca visión del significado de nuestro llamado. En esos momentos, realmente no hay otra fuente de refrigerio que Dios. Te animo a que le ofrezcas tu cansancio y desaliento a Jesucristo en oración, a confiar en su intercesión a tu favor. Solo tu Creador puede darte la perspectiva eterna que necesitas para ver que estos años transitorios son de vital importancia en la vida de tus hijos. Dios quiere darte nueva fortaleza y nuevo gozo para tu labor de madre, "según las riquezas de su gracia, que hizo sobreabundar para con nosotros en toda sabiduría e inteligencia" (Ef. 1:7-8).

AMOR POR EL HOGAR

La mujer virtuosa de Proverbios 31 es alabada por atender las necesidades de su hogar. En Tito 2:3-5, Pablo instruye a las mujeres mayores a enseñar a las jóvenes cómo ocuparse del hogar. Éstos y otros pasajes de las Escrituras dejan claro que mientras es responsabilidad del hombre proveer para el hogar, es responsabilidad de la mujer atender las necesidades del hogar. La domesticidad —la devoción por la vida hogareña— es una faceta esencial de la feminidad.

Mujeres solteras (especialmente las jóvenes), ¿podría aconsejarles que no esperen hasta el matrimonio para cultivar esta faceta de sus vidas? Ya sea que estén casadas o no, ustedes pueden expresar su feminidad al desarrollar amor y devoción por el hogar. De hecho, no supongan que aunque no cultiven el amor al hogar mientras son solteras, lo van a desarrollar automáticamente una vez que se casen. ¡Podrían llevarse una gran sorpresa! He hablado con muchas mujeres casadas que admitieron no valorar la vida hogareña cuando se casaron. No les gustaba *estar* en el hogar; no les gustaba *cuidar* del hogar. No valoraban las tareas domésticas como una profesión digna. ¿Por qué? Porque no desarrollaron la visión de la importancia de una vida hogareña mientras eran solteras. Estas mujeres llenaron sus años de solteras con cualquier tipo de ocupación, *menos* con devoción por el hogar. No estoy diciendo que otras ocupaciones sean malas; los años de soltera brindan oportunidades para muchas otras ocupaciones que honran a Dios. Pero éstas deberían estar equilibradas con el cultivo del amor por el hogar.

Ya sea que vivan en el hogar con sus padres o tengan su propio hogar, hay algunos pasos prácticos que pueden dar para adquirir amor por el hogar. Aprendan ahora cómo encargarse del orden y la limpieza de un hogar, cómo cocinar y lavar la ropa, y cómo embellecer un hogar.

Incluso las solteras mayores también tienen el llamado divino de ser mujeres con un equilibrio entre su vida profesional y ser "cuidadosas de su casa" (Tit. 2:5). Conozco a muchas mujeres solteras que han formado hogares cálidos y acogedores —cualquiera sea su estado civil— y que regularmente practican la hospitalidad. Algunas tienen un libro de invitados y álbumes de fotos de aquellos que han compartido una comida o pasado la noche en su hogar; otras tienen talento para las artesanías y adornan sus cuartos con hermosas cosas hechas a mano. El estado civil nada tiene que ver con el deseo femenino de crear un hogar cálido y acogedor.

Hay varios aspectos prácticos a considerar para las tareas del hogar. En 1 Timoteo 5:14 Pablo ordena a las viudas jóvenes a "gobernar" o llevar bien su casa. Debemos manejar bien el orden o los horarios del hogar, la limpieza y la atmósfera, así como dedicarnos a otros actos prácticos de servicio como cocinar o lavar y planchar la ropa de nuestra familia.

Proverbios 14:1 dice: "La mujer sabia edifica su casa; mas la necia con sus manos la derriba". En otras palabras, el hogar es un lugar para que nosotras edifiquemos. Nuestra cultura dice que no es un lugar digno de nuestra mejor labor, pero hemos de tener cuidado de no permitir que el mundo afecte nuestra manera de pensar. El hogar es nuestro lugar principal de ministerio. Alguien dijo una vez de Edith Schaeffer: "Los panecillos de canela de la señora Schaeffer llevaron al Señor a tantas personas como los sermones del doctor Schaeffer".[7] El alcance de nuestro ministerio es diferente al de los hombres, pero no es menos importante; es lo que Dios nos ha encomendado.

LA EVIDENCIA DE LA FEMINIDAD

Dios nos creó con la intención de que vivamos resueltamente según su Palabra. Aunque el mundo, incluso la literatura clásica, conmemore la manera de hablar y actitud de la "señora Desdén", las mujeres cristianas pueden ser diferentes mediante el poder del Espíritu Santo. No tenemos que ser "imitadoras de la feminidad" ni verla como una "tradición nostálgica de limitaciones impuestas". Contrario a la opinión popular, la feminidad no es "¡mucho ruido y pocas nueces!". En la impresionante generosidad del Señor, hemos sido creadas con el inigualable cometido de sentirnos plenas a fin de glorificar su nombre. Si cultivamos y expresamos nuestra feminidad con esto en mente, nuestro Hacedor nos alabará por la sabia administración de este precioso don.

LA BELLEZA VERDADERA

Carolyn Mahaney

TAL VEZ HAYAS ESCUCHADO decir que una de las diferencias entre un hombre y una mujer es que, cuando un hombre se mira al espejo, admira su característica físicamente atractiva; mientras que la mujer solo se fija en las características que considera poco atractivas.

No puedo dar fe de que esto sea cierto en los hombres, pero sin duda parece ser cierto en las mujeres. Ya sean reales o imaginarias, nuestros ojos se centran en nuestras "imperfecciones". Vemos nuestros defectos. Nos comparamos con el ideal de belleza de la sociedad actual y siempre nos quedamos cortas.

La mujer de hoy enfrenta una fuerte presión para conformarse a un ideal físico perfecto. ¿Nos sorprende, pues, que muchas mujeres tomen medidas drásticas para cambiar su cuerpo? Un estudio reciente indicó que las mujeres estadounidenses gastan *500 millones* de dólares al año en prendas que estilizan la figura. En el año 2000, la Sociedad Estadounidense de Cirujanos Plásticos indicó que las intervenciones de cirugía plástica entre las mujeres se habían incrementado en un drástico 165%. Las cinco cirugías plásticas en las mujeres que encabezan la lista son la liposucción, el aumento de senos, la cirugía de párpados, el rejuvenecimiento facial y la reducción de estómago; interminables en vista de la demanda.[1] Desde Argentina hasta Japón, mujeres de todas las culturas se someten cada vez más al bisturí. En Méjico, la cirugía estética de la nariz constituye el regalo que las *quinceañeras* prefieren para festejar su tradicional fiesta de cumpleaños. Apenas del otro lado de la frontera, sus análogas californianas se someten a cirugías de aumento de senos como regalo de graduación de la escuela secundaria.[2]

Esta tendencia no es algo nuevo. El autor Robin Marantz Henig nos proporciona un panorama histórico del precio de la perfección:

> A través de los siglos, las mujeres han desfigurado y manipulado casi cada parte de su cuerpo —labios, ojos, orejas, cintura, cráneo, frente, pies— que no coincidía con el ideal uniforme de la moda de una época particular. En China, casi hasta la Segunda Guerra Mundial, las muchachas de la clase alta se vendaban los pies; algo que las tullía de por vida, pero les aseguraba pies de diez a doce centímetros de largo, considerados exquisitamente femeninos. En África central, los mangetu enrollaban la cabeza de las niñas recién nacidas con trozos de piel de jirafa para lograr una cabeza alargada y cónica, considerada una señal de belleza e inteligencia. Durante el Renacimiento, las muchachas aristócratas europeas se arrancaban los pelos uno a uno desde el nacimiento del pelo hasta la coronilla, para lograr una frente alta y redondeada, considerada bella en esa época...
>
> Entre el pueblo padaung de la Birmania de principios del siglo XX, el ideal de belleza femenina implicaba un cuello muy alargado, preferiblemente de cuarenta centímetros o más. Esto se lograba colocando a las niñas una serie de aros de metal en el cuello. De muy pequeñas, las niñas comenzaban usando cinco aros, y a medida que crecían iban añadiendo aros hasta que llegaban a usar veinticuatro aros apilados uno sobre el otro...
>
> El peso de los aros llegaba a aplastar las clavículas y quebrar las costillas, y las vértebras del cuello se estiraban y se dislocaban. De hecho, las mujeres tenían que usar estos aros constantemente porque, debido a su cuello tan estirado, sin éstos no podían sostener la cabeza.[3]

El autor pasa a plasmar la búsqueda frenética del ideal de belleza femenina. Las mujeres con sobrepeso en Inglaterra, en los años 1600 se desangraban; las mujeres elegantes en la década de 1930 se tragaban la lombriz solitaria. La reina Isabel I de Inglaterra, en búsqueda de una piel de porcelana, usaba una combinación potencialmente mortal de vinagre y plomo que provocaba la corrosión total de su piel. Las mujeres de civilizaciones antiguas egipcias usaban gotas de sulfuro de antimonio para dar brillo a sus ojos, lo cual a la larga arruinaba su visión. Las mujeres victorianas debían llamar a sus criadas para que les abrocharan un corsé tan ajustado que les provocaba falta de oxígeno y les desplazaba los órganos internos; todo esto para alcanzar una cintura de 45 cm. Las muchachas liberales de la década de 1920 aplastaban sus senos para simular un torso elegantemente plano o usaban sostenes reductores que escondían, en lugar de realzar, su contorno femenino.

Esto podría parecer bastante primitivo si no pensáramos en la casi reciente reclamación de los implantes de silicona que se han colocado en el pecho de más de un millón de mujeres norteamericanas. La silicona no significó una mejora en comparación con los materiales usados por uno de los primeros cirujanos plásticos llamado Charles Miller en 1903. Según el propio relato de Miller, él abría el pecho de las mujeres y les implantaba "seda entrelazada, trozos de hilo de seda, partículas de celuloide, marfil vegetal y varios otros materiales extraños".[4]

EL ARREGLO DIGITAL

Las mujeres siempre han sido tentadas a preocuparse por su apariencia física. Sin embargo, parece que las mujeres contemporáneas son tentadas como nunca antes a ir tras la belleza física. Bombardeadas por los medios de comunicación, continuamente escuchamos voces y vemos imágenes que definen cómo nos vemos. Siglos antes, las mujeres solo podían compararse con las otras diez mujeres de su aldea; en la actualidad, las mujeres se comparan con las fotos de las supermodelos que expone la industria de la moda en todo el mundo. La imagen de la belleza es tan limitada en su gama que la mayoría de las mujeres se siente poco atractiva en comparación.

Aún peor es el engaño de la industria de la moda en sí. ¿Sabías que la mayoría de las modelos que aparecen en las revistas ni siquiera se ven como en sus *propias* fotos? Los editores de las revistas de moda admiten que casi todas las fotografías de las modelos han sido corregidas digitalmente. Por lo tanto, piensa en esto: las atractivas modelos de las portadas tuvieron un entrenador personal que tonificó su cuerpo, un estilista profesional que arregló su cabello, un experto que maquilló su rostro y un profesional de la fotografía que plasmó su imagen bajo la iluminación perfecta. Después de esto, si las modelos aún no se ven suficientemente bien, les hacen retoques digitales.

ANTOJOS DEL CORAZÓN

Esto nos lleva a preguntar: ¿Por qué? ¿Por qué están las mujeres tan obsesionadas por la belleza física? ¿Por qué llegan las mujeres a semejantes extremos para ser bellas desde el punto de vista cultural? ¿Por qué no nos contentamos con ser "normales"?

La respuesta es simple y aleccionadora: nuestro corazón está lleno de deseos malos y pecaminosos. Y en diferente grado, nuestro corazón ha creído la mentira de que la belleza física traerá satisfacción y reconocimiento. Ya conoces las falsas promesas: *Si eres bella, serás feliz y triunfadora. Serás popular entre las mujeres, y deseable para los hombres. Conocerás la intimidad duradera y el verdadero amor. Te sentirás confiada y segura. Serás importante y trascendente.*

Todas estas cosas son antojos pecaminosos de nuestro corazón. Ansiamos tener éxito, reconocimiento, trascendencia, importancia y aprobación. Nos obsesionamos con ser físicamente bellas en un intento por satisfacer estos deseos pecaminosos. Sin embargo, el mensaje es engañoso. La belleza física no nos asegura la felicidad, la satisfacción o el éxito. Podemos confirmar este hecho al observar a las mujeres más atractivas del mundo desde el punto de vista físico.

Piensa en la princesa Diana. Ella era la mujer más fotografiada del mundo. Llegó a ser una celebridad de magnitud sin precedente. Sin embargo, vivió una vida atribulada. Su matrimonio de cuento de hadas con el príncipe Carlos terminó en divorcio. Todas sus relaciones subsiguientes con otros hombres terminaron en desdicha. Ella admitió tener persistentes ataques de depresión, soledad crónica, bulimia e incluso varios intentos de suicidio. Consultó con muchos psicoterapeutas, y todo en vano. Su vida terminó trágicamente cuando solo tenía treinta y seis años de edad.

La belleza física no logrará darnos lo que promete. No nos dará la felicidad ni el éxito que las voces engañosas de nuestra sociedad prometen. Nuestra cultura hace circular un prototipo ilusorio de belleza y un mensaje falso respecto a la belleza, pero al final la maldad, que ya reside en el corazón humano, es lo que nos motiva a creer dichas mentiras y a ir tras ellas.

CÓMO DEFINE DIOS LA BELLEZA

En Romanos 12:2 se nos exhorta a no conformarnos al mundo que nos rodea. Es necesario que nos preguntemos si nos hemos dejado absorber por la definición de belleza de nuestra cultura o por la de Dios. ¿Reflejan nuestros pensamientos y nuestras acciones respecto a nuestro aspecto físico un prototipo cultural o bíblico? A fin de responder a estas preguntas con sinceridad, es necesario conocer cuál es la perspectiva que Dios tiene de la belleza.

Las Escrituras revelan el engaño y la futilidad de la búsqueda de la belleza física. "Engañoso es el encanto y pasajera la belleza" (Pr. 31:30, NVI). *Encanto* en hebreo significa "figura corporal". La figura y la belleza son dos cosas que nuestra cultura valora y busca con fervor; sin embargo, Dios dice que nuestra búsqueda de la figura y la belleza perfecta es idolatría.

Un sondeo de las mujeres físicamente bellas de la Biblia confirma la verdad de Proverbios. La belleza física suele asociarse más con los problemas y la tentación que con la bendición y la bondad. En el Antiguo Testamento podrás encontrar muchas historias de mentiras, engaños, robos, asesinatos, adulterio e idolatría; todas vinculadas con la belleza física de las mujeres. Los relatos de Sara (Gn. 12:11-20), Rebeca (Gn. 26:7-11) y Tamar (2 S. 13:1-20) son algunos de estos ejemplos. En ningún pasaje de la Biblia se instruye a las mujeres a desear, pedir o luchar por la belleza física. En cambio, la Palabra de Dios nos advierte acerca de la futilidad y el engaño de ir tras ella. La Biblia tampoco describe la belleza física como una bendición para aquellas que la poseen. En cambio, puede crear realmente un mayor potencial de ser presa del pecado (Pr. 6:23-26).

Sin embargo, hay un tipo de belleza que debemos buscar. En 1 Pedro 3:4-5 leemos que debemos buscar "el interno, el del corazón, en el incorruptible ornato de un espíritu afable y apacible, que es de grande estima delante de Dios. Porque así también se ataviaban en otro tiempo aquellas santas mujeres que esperaban en Dios".

La definición que hace Dios de la belleza sugiere un marcado contraste con la definición de belleza de nuestra cultura. Nuestra cultura define la belleza por cómo nos vemos externamente. Dios define la belleza por lo que somos internamente.

Nuestra cultura propone una norma de belleza que es inalcanzable para la mayoría. Dios propone una norma de belleza que todas podemos alcanzar si simplemente respondemos a la obra de su gracia en nuestra vida.

Nuestra cultura alienta a las mujeres a cultivar una belleza que es superficial. Dios nos recomienda que busquemos la belleza interna que es la de gran valor.

Nuestra cultura incita a la mujer a cultivar una belleza que solo durará por un breve tiempo. Dios incita a la mujer a cultivar una belleza que nunca se desvanecerá, sino que se incrementará con el paso del tiempo.

Nuestra cultura nos dice que cultivemos una belleza que impresione a los demás. Dios nos llama a cultivar una belleza que, ante todo, sea de gran estima ante sus ojos.

Nuestra cultura nos seduce a aspirar la belleza de las modelos más glamorosas y novedosas o de las actrices más populares de esta época. Dios nos invita a aspirar la belleza de las mujeres santas del pasado que ponían su confianza en Dios.

¿Puedes ver la diferencia? La belleza que nuestra cultura admira podría llamar la atención de los hombres; pero la belleza que Dios quiere que cultivemos provocará un efecto más duradero. Cuando una mujer físicamente atractiva pasa por nuestro lado, la notamos; ¡los hombres en particular! Pero allí termina todo. Su belleza produce una impresión momentánea y pasajera. Pero una mujer que cultiva su belleza interna, que teme a Dios y vive para servir a los demás, tiene una gran influencia en la vida de los demás. Su belleza produce un efecto duradero en las vidas que ella toca. La belleza interna, la del corazón, produce una marca indeleble en la vida de los demás y glorifica a Dios.

EXAMEN DEL CORAZÓN

¿Qué belleza queremos cultivar? ¿Tenemos la intención de cultivar la belleza interior o le prestamos más atención a la apariencia exterior? La forma de pensar sobre nuestra apariencia personal y de cuidar de ésta es realmente un espejo de nuestro corazón. Al reflejar motivaciones santas o egoístas, revelamos si nuestra prioridad es cultivar la belleza interior o la belleza exterior.

Este es un "examen del corazón" que nos ayuda a hacer una introspección; preguntas que nos ayudan a discernir nuestros pensamientos, motivaciones y metas con respecto a la belleza. Estas preguntas me han ayudado a ver que muchas veces mi deseo es para la gloria personal más que para la gloria de Dios. Hazte estas preguntas:

1) ¿Paso más tiempo a diario en el cuidado de mi apariencia personal que en el estudio de la Biblia, la oración y la adoración?
2) ¿Gasto excesivo dinero en ropa, peluquería y maquillajes o es una suma de dinero que honra a Dios?
3) ¿Quiero perder peso para "sentirme mejor conmigo misma" o deseo tener autodisciplina para la gloria de Dios?
4) ¿Quiero ser más delgada para impresionar a los demás o busco cultivar hábitos de alimentación que honren a Dios?
5) ¿Hago ejercicios para tratar de tener o mantener una "buena figura" o para fortalecer mi cuerpo para el servicio a Dios?
6) ¿Hay algo respecto a mi aspecto físico que desearía poder cambiar o estoy muy agradecida a Dios por como me creó?
7) ¿Estoy celosa por el aspecto físico de las demás o me pongo contenta cuando observo otras mujeres que son más atractivas que yo desde el punto de vista físico?
8) ¿Siento codicia por la ropa que usan las demás o me alegro de verdad cuando otras mujeres se compran ropa nueva?
9) Cuando asisto a una reunión o actividad ¿me comparo pecaminosamente con las demás mujeres o le pido a Dios que me muestre a quién amar y cómo hacerlo?
10) ¿Me he vestido alguna vez con presunción o pensando en llamar la atención, o me visto siempre de una manera que agrade a Dios?

Hacernos estas preguntas constantemente puede ayudarnos a arrancar los valores terrenales y a cultivar un corazón que busque las prioridades de Dios.

"DIEZ MIRADAS A CRISTO"

Por la gracia de Dios podemos hacer morir los malos deseos de nuestro corazón, que son los que quieren llamar la atención y hacernos comparar con los demás. Colosenses 3:1-5 nos da la clave para ser libres del egocentrismo.

> "Si, pues, habéis resucitado con Cristo, buscad las cosas de arriba, donde está Cristo sentado a la diestra de Dios. Poned la mira en las cosas

> de arriba, no en las de la tierra. Porque habéis muerto, y vuestra vida está escondida con Cristo en Dios. Cuando Cristo, vuestra vida, se manifieste, entonces vosotros también seréis manifestados con él en gloria. Haced morir, pues, lo terrenal en vosotros: fornicación, impureza, pasiones desordenadas, malos deseos y avaricia, que es idolatría".

¿Puedes ver la progresión en estos versículos? Antes de decirnos que hagamos morir "lo terrenal" en nosotros, nos dice que pongamos nuestra mente y corazón en "las cosas de arriba".

El punto de partida de todo arrepentimiento es poner nuestra mente y corazón en "las cosas de arriba". Esto significa dirigir nuestra atención a Jesucristo y su obra consumada en la cruz. Poner nuestra mente y corazón en "las cosas de arriba" significa enfocarse intencionadamente en Jesucristo y recordarnos constantemente que, por su muerte en la cruz, somos perdonadas de todo mal deseo, somos justificadas de todo mal deseo y ya no somos esclavas de ningún mal deseo.

Robert Murray McCheyne tenía un maravilloso antídoto para que el ser humano dejara de centrarse en sí mismo. Él sugería que deberíamos mirar diez veces a Cristo por cada vez que nos miramos a nosotros mismos. Cada vez que somos tentados a desalentarnos por nuestro mal desempeño, deberíamos mirar a nuestro Salvador, cuyo perfecto desempeño nos fue contado por justicia. Jesús murió para redimirnos tanto del *castigo* como del *poder* del pecado en nuestra vida. ¡Qué podamos deleitarnos en su gracia y maravillarnos por su misericordia en nuestra vida! Poner nuestra mente y corazón en las cosas de arriba significa dedicarnos a buscar la belleza de su gracia maravillosa y su misericordia inmerecida en nuestra vida.

CAMBIOS PRÁCTICOS

Vamos a considerar algunos cambios prácticos necesarios en nuestro modo de pensar y nuestro comportamiento a fin de desarrollar los objetivos de la belleza bíblica. Primero, tenemos que resolver a quién estamos tratando de complacer con la belleza que buscamos.

Muchachas solteras: Ustedes tienen solo una persona a la cual agradar; el Señor debería ser el objeto de la belleza que buscan (1 Co. 7:34). Todas sus tendencias, motivaciones y acciones relacionadas con la belleza deberían ser para agradar solo a Uno.

Mujeres casadas: Nosotras tenemos a dos para agradar: Dios y nuestro esposo. Podría parecer una herejía decir que debemos buscar la opinión de otra persona además de Dios, pero déjenme explicarles. Dios llama a la mujer casada a agradar a su esposo; por lo tanto, estamos agradando a Dios cuando buscamos agradar a nuestro esposo. Tenemos que averiguar qué le gusta a nuestro esposo con respecto a nuestro aspecto personal. ¿Cómo quiere él que nos vistamos, nos arreglemos el cabello o nos maquillemos (o no nos maquillemos)? Cuidar de nuestro aspecto físico de un modo que a él le agrade es una muestra de respeto hacia él.

Buscar agradar al Señor no significa ignorar nuestro aspecto personal. Una devoción pura a Dios producirá el cuidado adecuado del aspecto físico. Una mujer piadosa buscará mostrar una apariencia externa que honre a Dios y atraiga a los demás.

No está mal buscar mejorar nuestro aspecto físico, pero es necesario que evaluemos nuestras motivaciones y nuestro compromiso con el recato. No es necesariamente malo vestirnos a la moda y tener un corte de cabello atractivo. No es pecaminoso maquillarnos y usar alhajas o accesorios. La mujer de Proverbios 31 usaba ropa colorida de buena calidad. La esposa del Cantar de los Cantares adornaba su apariencia con joyas. La Biblia nos dice que Ester se sometió a doce meses de tratamientos de belleza; seis meses con aceite de mirra, y seis con perfumes y cosméticos. La Biblia no nos condena por usar estas cosas. Dios prohíbe usarlas con la motivación equivocada.

Cuando el señor es el objeto de nuestro deseo de ser bellas físicamente, tenemos la motivación correcta. Como dice John Piper en su libro *A Godward Life* [Una vida guiada por Dios]: "Con Dios en el centro, como el 'sol', que satisface el anhelo de la mujer por la belleza, la grandeza, la verdad y el amor; todos los 'planetas' de la dieta, el vestido, el ejercicio, los cosméticos, la postura y el aspecto estarán en su órbita adecuada".[5]

DESIGNIO Y PROPÓSITO DIVINO

En la búsqueda de la belleza verdadera, cada mujer necesita reconocer la providencia de Dios y aceptar con gratitud el cuerpo y el aspecto físico que Él le ha dado.

Sé que esto no es fácil. Siempre me ha disgustado el aspecto de mis manos. Aunque a lo largo de los años me he quejado de mi cabello fino y de mis rodillas deformadas, siempre me desagradó el aspecto de mis manos. Tengo dedos muy largos y venas que sobresalen haga lo que haga. Recuerdo la vergüenza que sentí un día en la escuela secundaria, cuando una muchacha sentada a mi lado en la clase de orquesta comenzó a examinar mis manos. "¡Tienes dedos muy largos!", dijo fuertemente y colocó su pequeña mano junto a la mía para compararla. Pero aquello no fue suficiente. También les pidió a todos los demás compañeros de la clase que verificaran que la punta de mis dedos sobresalía extraordinariamente casi un centímetro. Después de sus comentarios, mi menosprecio por mis manos no hizo más que incrementarse.

Sin embargo, años más tarde el Espíritu Santo fue tan benévolo conmigo que usó un pasaje de las Escrituras para corregir mi actitud hacia mis manos. Entonces descubrí que la descripción de la mujer virtuosa de Proverbios 31 dice que "con voluntad trabaja con sus manos" (v. 13) y además "alarga su mano al pobre, y extiende sus manos al menesteroso" (v. 20). La versión Reina Valera menciona sus manos siete veces, y alaba la sabiduría de esta mujer que, del fruto de sus manos, puede comprar un campo y plantar una viña.

Me di cuenta de que mis manos no eran simplemente decorativas; ¡tenían un propósito divino! Vi cuán pecadora (¡por no decir tonta!) había sido al fijarme en el *aspecto* de mis manos en vez de pensar en el *propósito* del Creador para mis manos. Dios me ha dado estas manos como un medio de su gracia para servir y alcanzar a los demás.

El Dios de amor ha determinado cómo somos cada una. Él decidió la forma de nuestro cuerpo, cuán altas seríamos, el color de nuestros ojos y todas las características particulares que conforman nuestro tipo de cuerpo y aspecto físico; ¡incluso nuestros dedos! Podemos pasar la vida sufriendo por los resultados de la determinación de Dios o recibir con gratitud su designio, y saber que Él hace todas las cosas para su gloria. David dijo: "Te alabaré, porque asombrosa y maravillosamente he sido hecho" (Sal. 139:14, LBLA). ¿Cuando fue la última vez que adoraste a Dios por cómo hizo tu cuerpo? Cuando nuestro corazón carece de gratitud y alabanza a Dios por nuestro aspecto físico estamos pecando y contristando al Señor.

PERTENECEMOS A OTRO

Es necesario que recordemos que nuestro cuerpo no nos pertenece. En 1 Corintios 6 leemos: "Vuestro cuerpo es templo del Espíritu Santo... no sois vuestros... glorificad, pues, a Dios en vuestro cuerpo" (vv. 19-20).

¿Tratas tu cuerpo como si no fuera tuyo, como si perteneciera a otro? Por lo general, damos un cuidado más especial a algo que pertenece a otra persona. Hace algunos años, después de una reunión especial de nuestra iglesia, una amable mujer me cedió el centro decorativo de su mesa. Era un hermoso arreglo floral que ella había hecho con una tetera de porcelana como base. Cortésmente me dijo que disfrutara las flores y que le devolviera la tetera cuando pudiera. Disfruté las flores, pero lo que más hice fue, ¡tener mucho cuidado con aquella tetera! La coloque fuera del alcance de mi niño, que en ese momento tenía tres años, y les recomendé a mis hijas que tuvieran especial cuidado con ella. Mi extremo cuidado con aquella tetera de porcelana se debía a que pertenecía a otra persona, y se la quería devolver intacta.

Del mismo modo, tu cuerpo no es tuyo; le pertenece a Dios. Tu cuerpo es templo del Espíritu Santo; ¡tú albergas al Espíritu Santo en tu cuerpo! Esto debería afectar la manera en que lo tratas. Este nuevo conocimiento acerca de nuestro cuerpo puede cambiar no solo lo que hacemos, sino por qué lo hacemos.

Deberíamos tener disciplina para hacer ejercicios no solo para vernos mejor, sino para tener más energía para servir a Dios.

Deberíamos tener dominio propio con lo que comemos no solo para mantenernos en un cierto peso, sino porque el dominio propio es un fruto del Espíritu.

Saber que le pertenecemos a Dios cambia la motivación por la que cuidamos del cuerpo que Él nos dio.

ATAVIADAS CON PUDOR

La Palabra de Dios nos brinda la norma de cómo debe ser nuestro atavío:

> "Asimismo que las mujeres se atavíen de ropa decorosa, con pudor y modestia; no con peinado ostentoso, ni oro, ni perlas, ni vestidos costosos,

sino con buenas obras, como corresponde a mujeres que profesan piedad" (1 Ti. 2:9-10).

Nuestra manera de vestir debe ser decorosa, púdica y discreta. Estas tres pautas pueden ayudarnos a evaluar si nuestra ropa, alhajas, estilo de peinado y maquillaje están dentro de las normas bíblicas.

Vamos a analizar la palabra *pudor* por un momento. La palabra tiene un sentido interesante en el griego. Significa "estado de visible vergüenza". La idea de raíz da un sentido de vergüenza. Esto suscita la pregunta: ¿De qué debemos avergonzarnos? El texto hace referencia a la vergüenza, en el sentido de que deberíamos sentirnos avergonzadas si alguna vez nuestra forma de vestir contribuye a los pensamientos lujuriosos de un hombre. Deberíamos avergonzarnos si alguna vez provocamos que un hombre tropiece por nuestra manera de vestir. No creo que alguna de nosotras ignore el hecho de que cuanto más exponemos nuestro cuerpo, más tentamos a los hombres. Deberíamos tener sentido de la vergüenza a fin de no provocar tal distracción en los hombres. Cuando nos vestimos, tenemos que analizar las motivaciones de nuestro corazón. Deberíamos preguntarnos ¿Por qué me visto de esta manera? ¿Estoy tratando de llamar la atención hacia Dios o hacia mí? ¿Estoy buscando glorificar a Dios o impresionar a los demás?

Yo sé que lo que está de moda es a menudo impúdico, pero a pesar de cuán difícil pueda ser encontrar ropa decente, no podemos transigir en este ámbito. Para saber si nos estamos vistiendo con pudor, es de ayuda hacer participar a los demás mediante su consejo y sabiduría. Conozco muchas mujeres que les piden a sus amigas una opinión específica acerca de su manera de vestir. ¡Yo me siento especialmente esperanzada cuando escucho a muchachas adolescentes que no están dispuestas a transigir con esta norma!

DE "CONTENCIOSA" A "PRINCESA"

¿Parece muy trabajoso buscar una belleza piadosa? Espero que no. En realidad es una maravillosa esperanza ser libre de un enfoque idólatra en uno mismo. Mucho más importante, contrario a la belleza física asociada con la juventud, la belleza verdadera crece a medida que pasa el tiempo. Deberíamos ser más bellas a los sesenta, setenta y más.

"Vuestro atavío no sea el externo de peinados ostentosos, de adornos de oro o de vestidos lujosos, sino el interno, el del corazón, en el incorruptible ornato de un espíritu afable y apacible, que es de grande estima delante de Dios. Porque así también se ataviaban en otro tiempo aquellas santas mujeres que esperaban en Dios, estando sujetas a sus maridos; como Sara obedecía a Abraham, llamándole señor; de la cual vosotras habéis venido a ser hijas, si hacéis el bien, sin temer ninguna amenaza" (1 P. 3:3-6).

Este pasaje nos dice que realmente podemos llegar a ser más atractivas al cultivar "el incorruptible ornato de un espíritu afable y apacible". Esta belleza piadosa hará que otros lo noten; y si estamos casadas nos hará atractivas para con nuestro esposo. Lo que es más importante, llamará la misma atención de Dios. Constituye un misterio que la belleza que cultivamos internamente pueda verse externamente. Pero las Escrituras prometen que cuanto más adornemos nuestro ser interior, más bellas seremos externamente.

¿Has conocido alguna vez a una mujer que refleje esta clase de belleza extraordinaria y que sea más atractiva con el paso de los años? Para mí, Elisabeth Elliot es una de esas mujeres (aunque se sonrojaría si me escuchara decir esto). Cuando la conocí, ella tenía alrededor de setenta años. Ahora su cabello es canoso y su piel tiene arrugas, como es de esperar de una mujer de su edad. Sin embargo, posee una belleza fuera de lo común. En 1 Pedro 3 encontramos la explicación. Sin duda, esta mujer de Dios ha buscado cultivar "el incorruptible ornato de un espíritu afable y apacible". Yo quiero tener esta clase de belleza que crece a medida que pasan los años.

El apóstol Pedro describe a una mujer que tenía esta clase de belleza imperecedera. Y destaca a Sara como una mujer que "obedecía a Abraham, llamándole señor; de la cual vosotras habéis venido a ser hijas, si hacéis el bien, sin temer ninguna amenaza" (1 P. 3:6).

Estoy contenta de que Pedro escogiera a Sara como ejemplo de un "espíritu afable y apacible", porque éstas no eran características de ella en su juventud. Ella comenzó su vida como Sarai, que significaba "contenciosa". Este nombre describe acertadamente algunos de los relatos de su vida cuando era una mujer joven. Sara había demostrado ser celosa, manipuladora y cínica, y absolutamente malvada en su trato con Agar. Difícilmente era el retrato de "un espíritu afable y apacible". Sin embargo, Dios se encarga del cambio de nombres.

Y le cambió su nombre, de Sarai a Sara, que significa "princesa". En cierta medida, Sara llegó a ser una mujer con ese espíritu afable y apacible; una mujer que esperaba en Dios y se sometía a su esposo. Las Escrituras cuentan que Abraham la sepultó con gran lamento y amor.

La vida de Sara es de enorme aliento y esperanza para mí, igual que para muchas mujeres que desean ser verdaderamente bellas para el Señor. Podemos llegar a ser "princesas" a cualquier edad; nunca es demasiado tarde. La realidad es que un día mis rodillas deformadas fallarán, mi cabello fino se cubrirá de canas y mis manos seguirán siendo largas y se llenarán de manchas por la edad. Estas características físicas realmente empeorarán. Pero si mantengo mis ojos en Aquel que es la belleza encarnada, seré más bella al reflejarlo a Él. Esto es verdaderamente valioso, y la Biblia dice que es de gran estima ante los ojos de Dios. Es un tratamiento de belleza al que todas nos deberíamos someter.

PRINCESAS DE PAPÁ: CONOZCAMOS A DIOS COMO PADRE

Mary A. Kassian

Mirad cuál amor nos ha dado el Padre, para que seamos llamados hijos de Dios; por esto el mundo no nos conoce, porque no le conoció a él.

1 JUAN 3:1

EN LOS ÚLTIMOS AÑOS, varias actrices famosas han anunciado su intención de engendrar y criar solas a sus hijos. ¿Necesita todo hijo un padre? La respuesta de nuestra sociedad a esta pregunta es cada vez más "no" o, al menos, "no necesariamente". Un segmento reciente de la revista *Time* propuso que quedarse soltera puede llegar a ser "increíblemente beneficioso" para las mujeres;[1] incluso cuando esta decisión implique criar a los hijos sin la presencia del padre. El artículo daba a entender que en realidad ninguna mujer *necesita* un esposo y, por extensión, los hijos no *necesitan* necesariamente un padre.

Los hijos hoy día se quedan sin padre debido a la promiscuidad, el abandono, la separación y el divorcio, con la excusa de la "libertad" masculina o el "beneficio" femenino. El resultado es que cada noche al menos 40% de los niños estadounidenses se irán a dormir en hogares en los que no vive su padre.[2]

Nuestra sociedad no solo ha perdido la presencia física de los padres, sino también algo incluso más fundamental: nuestra idea de la paternidad. Estamos viviendo en una cultura de ausencia paternal. A diferencia de los períodos anteriores en los cuales la ausencia del padre era provocada por la guerra, ahora enfrentamos más que una pérdida física que afecta solo algunos hogares. La pérdida cultural afecta todos los hogares de alguna forma u otra.

Nuestra sociedad está afectada no solo por la ausencia de padres, sino también por la ausencia de nuestra *confianza* en los padres.[3] Pocos cambios de idea desde el siglo pasado hasta ahora han tenido implicaciones tan enormes. Están en juego quiénes somos como hombres y mujeres, en qué tipo de sociedad nos convertiremos y, aun más importante, nuestra manera de concebir y relacionarnos con Dios.

Muchas personas —tanto dentro como fuera de la iglesia— han dejado de creer en la paternidad de Dios. Sentimientos escépticos y hostiles hacia los hombres se han convertido en sentimientos escépticos y hostiles hacia un Dios que se relaciona con su pueblo escogido como padre. Y, sin embargo, la necesidad de tener un padre es una necesidad esencial del corazón humano. Es una necesidad que nuestro Creador colocó en nuestro espíritu. Nuestro Padre celestial, el verdadero Padre, es el único que define qué significa la paternidad y cómo debe ser. Como veremos, la relación con Dios como padre es esencial para nuestro bienestar espiritual y fundamental para lo que significa ser creyente.

DIOS QUIERE RELACIONARSE CONTIGO COMO "PADRE"

Dios es nuestro Padre. Esto no significa que Dios es hombre. Él es espíritu. Y abarca todo lo bueno de la masculinidad y la feminidad. La Biblia usa en ocasiones analogías femeninas cuando habla de las acciones y atributos de Dios: Él llevó a la nación de Israel en su vientre (Is. 46:3); grita como la mujer que está de parto (Is. 42:14); dio a luz la nación judía (Dt. 32:18); se compadece de nosotros como una madre se compadece por el bebé que dio a luz (Is. 49:15); nos amamanta y nos alimenta (Sal. 131:2); nos consuela como una madre (Is. 66:13). Estos y otros pasajes presentan el aspecto bello, tierno, "femenino", cuidadoso y protector del carácter de Dios.

Debido a estas analogías maternales, muchos en la comunidad cristiana minimizan o incluso niegan la importancia del nombre "Padre" para Dios. Argumentan que no es más que un nombre entre muchos y afirman que, dado los tiempos en que vivimos, no deberíamos considerarlo como su nombre preponderante. Ellos sugieren que lo llamemos: "Madre", "Madre y Padre" o "Padre celestial" o que no usemos ningún nombre asociado con un género específico. Muchas mujeres, particularmente aquellas que llegaron a la fe cristiana sin un trasfondo religioso, luchan con la idea de dirigirse a Dios con pronombres masculinos.

¿POR QUÉ LLAMAMOS A DIOS "PADRE"?

Esta pregunta exige una respuesta claramente bíblica; y más en los días que vivimos. Ante todo, la razón principal por la que lo llamamos "Padre" es que así es como Él quiere que lo llamemos. La primera persona de la Trinidad tiene muchos nombres: Todopoderoso, Creador, Altísimo, Santo-Santo-Santo, la Roca, el Gran Yo Soy. Pero cuando Jesús vino a rasgar el velo para que pudiéramos ver directamente el corazón de Dios, reveló a Dios como "Padre". Jesús usó "Padre" más que cualquier otra descripción o nombre para Dios. Y nos enseñó a dirigirnos a Dios de la misma manera: "Padre nuestro que estás en los cielos...". *Padre* es el nombre con el que se dio a conocer.

¿Qué piensas cuando escuchas la palabra *padre*? Yo pienso en mi niñez, cuando me sentaba en el mostrador astilloso de la carpintería polvorienta de mi papá y lo veía trabajar. Pienso en el olor penetrante de la madera recién cortada. Pienso en sus fuertes y enormes manos llenas de callos. Pienso en aquellos días, cuando aprendía las tablas de multiplicar al martillar grupos de clavos en una tabla de madera. Pienso en la cuna de juguete blanca que me hizo cuando cumplí seis años, en el conjunto de muebles para el dormitorio que me hizo cuando cumplí doce años, en la ayuda que me prestó en la restauración del sótano el año pasado. Pienso en encontrar refugio en una tormenta de nieve. Observar los fuegos artificiales desde el tejado. Desplegar estrellas de papel en la Navidad. Que me hagan cosquillas hasta que me duela el estómago de tanto reírme.

Muchas mujeres no piensan ni sienten cosas buenas cuando escuchan la palabra *padre*. Para ellas, la palabra significa abandono, enojo, vergüenza, inseguridad, temor, incertidumbre, conflicto o dolor. Pero tanto si pienses en cosas buenas o malas, es innegable que la palabra significa algo para ti. Esto se debe al significado específico de la palabra *padre*. El concepto no es abstracto. Cuando tú hablas de tu padre, sabes que estás hablando de una persona que ha influido profundamente en tu vida. Yo sé que estás hablando de alguien que está o estuvo vivo —alguien con características individuales y una personalidad definida— alguien con quien podrías interactuar y relacionarte. Ya sea positiva o negativa, la palabra *padre* significa algo muy real para cada una de nosotras. Todas tenemos un concepto claro y concreto de lo que significa un *padre*; o lo que debería significar.

Es asombroso que Dios quiera que lo llamemos Padre. Las implicaciones son sorprendentes. Tener a Dios como nuestro Padre significa que es un ser vivo, personal y no una fuerza impersonal. Significa que podemos llegar a conocerlo. Significa que podemos hablar e interactuar con Él. Significa que podemos relacionarnos con Él de un modo personal e incluso íntimo. Puede que yo no sepa relacionarme con un Todopoderoso, Altísimo o Gran Yo Soy, porque nunca conocí alguien así. No tengo un marco de referencia terrenal para ello. Pero ¿relacionarme con un padre? Eso es diferente. *Padre* no denota una fuerza abstracta, un poder metafísico o un aura cósmica. Habla de una persona con una personalidad y características definidas. Yo creo que Dios quiere que lo llamemos "Padre" porque es un término personal que se refiere a un ser personal con el que podemos relacionarnos personalmente.

Además, *Padre* es el término que mejor describe las relaciones de Dios: quién es Él en relación a los demás. Dios se relaciona con su Hijo, Jesús, y con nosotros, sus hijos adoptados, como Padre. *Padre* da la idea de una relación de familia. Implica causalidad y dependencia, pues un padre es fuente de vida. Implica amor e intimidad. Implica ciertos roles y responsabilidades. Padre es el líder, el precursor, el visionario, el que marca los límites, la fuente y la autoridad final en el hogar. Un buen padre está comprometido con su familia. Ama a su familia, la protege y provee para ella. Guía, corrige y enseña a sus hijos con amor. Además, un padre deja una herencia a sus hijos.

Piensa en la relación de Dios Padre con su Hijo, Jesús. El Padre tiene mayor autoridad que Cristo (Jn. 13:16; 14:28; 17:2). Aunque es igual en esencia, Jesús se somete a la voluntad de su Padre (Fil. 2:6-8). El Padre envió a Jesús a asegurar nuestra redención (Jn. 3:16-17; 17:3). Jesús siempre hace lo que le agrada a su Padre (Jn. 8:29). Jesús obedece exactamente las directivas de su Padre (Jn. 14:31). Él aprende de su Padre (Jn. 15:15), habla las palabras de su Padre (Jn. 8:28; 14:24; 17:8), hace la obra de su Padre (Jn. 10:25; 14:10) y glorifica a su Padre (Jn. 14:13). El Padre exaltó hasta lo sumo a su Hijo (Fil. 2:9; He. 5:7-10) y lo constituyó "heredero de todo" (He. 1:2). Jesús es el legítimo heredero de todo lo que le pertenece a su Padre (Jn. 16:15). Todo lo que Jesús tiene procede de Él (Jn. 17:7, 22, 24).

La palabra *padre* denota un tipo de relación diferente que la palabra *madre, hermano, hermana, tía* o *tío*. Es el término que representa con mayor exactitud la naturaleza de la relación entre la primera y la segunda persona de la Trinidad. Y es el término que representa con mayor exactitud la naturaleza de la relación de Dios con nosotros. Dios dice llamarse "Padre" porque la palabra caracteriza sus relaciones mejor que cualquier otra palabra.

"Padre" es el nombre más significativo de Dios en la Biblia. Es el nombre que distingue al cristianismo de todas las otras religiones del mundo. Otras religiones nos invitan a adorar a sus dioses, sus alás, creadores o fuerzas metafísicas, pero el cristianismo nos invita a creer en un Hijo y a entrar en una íntima relación de familia con un Padre amoroso. Jesús, el Hijo de Dios, vino para que pudiéramos conocer a su Padre, ser adoptados como parte de la familia de Dios y relacionarnos con el Dios Todopoderoso del universo de una manera íntima, personal y concreta como hijos e hijas. Como Dios dijo: "Habitaré y andaré entre ellos, y seré su Dios, y ellos serán mi pueblo... Y seré para vosotros por Padre, y vosotros me seréis hijos e hijas" (2 Co. 6:16, 18).

Si no conocemos ni nos relacionamos con Dios como Padre, entonces no entendemos realmente el evangelio. Como dijo el teólogo J. I. Packer en su clásico libro, *El conocimiento del Dios Santo*:

> Se podría resumir toda la enseñanza del Nuevo Testamento en una sola frase, si se hablara de una revelación de la paternidad del Creador Santo. Del mismo modo, se resume toda la religión del Nuevo Testamento si se describe como el conocimiento de Dios como nuestro Padre Santo. Si se quiere juzgar cuán bien una persona entiende el cristianismo, hay que averiguar

> qué opina de ser hijo de Dios y de tener a Dios como Padre. Si ésta no es la idea que motiva y controla su adoración, sus oraciones y su perspectiva general de la vida, significa que no entiende para nada el cristianismo. Pues todo lo que Cristo enseñó, todo lo que hace que el Nuevo Testamento sea nuevo y mejor que el Antiguo, todo lo que es distintivamente cristiano y opuesto al simple judaísmo, se resume en el conocimiento de la paternidad de Dios. "Padre" es el nombre cristiano para Dios.[4]

Padre es el nombre cristiano para Dios. Dios no es simplemente como un padre al igual que como una roca, como una fortaleza, como un pastor o como un guerrero. Dios es Padre, y solo Él define qué significa la verdadera paternidad. Qué trágico y qué tontos y arrogantes somos al evitar este nombre porque algunos hombres sean malos ejemplos de paternidad o porque nuestra cultura considere que llamar a Dios "Padre" es opresivo y patriarcal.

JESÚS NOS MUESTRA EL CORAZÓN DEL PADRE

Cuando Jesús estuvo en la tierra, su mensaje siempre fue "¡vengan a conocer a Papá!". Él decía: "Mírenme a mí y vean cómo es mi Padre. ¡Vean cómo lo imito! ¡Déjenme decirles cuánto me ama mi Padre! ¡Mi amor por ustedes revela cuánto los ama mi Padre! ¡Los milagros que yo hago son el resultado de la compasión y el poder de mi Padre! ¡Mis palabras —las cosas que yo enseño—, estas verdades proceden de mi Padre! Escuchen cómo hablo con mi Padre. Miren cómo paso tiempo con mi Padre. ¡A través de mí, Él también puede ser su Padre!".

Jesús nos muestra el corazón del Padre. En una de las últimas oraciones de Cristo antes de su crucifixión, le dijo a su Padre: "Y les he dado a conocer tu nombre, y lo daré a conocer aún, para que el amor con que me has amado, esté en ellos, y yo en ellos" (Jn. 17:26). Jesús nos da a conocer quién es el Padre y qué hace el Padre. Cuando Felipe le pidió a Jesús que les mostrara al Padre, Él le respondió: "El que me ha visto a mí, ha visto al Padre" (Jn. 14:9). Jesús afirmó que cuando lo vemos a Él, vemos al que lo envió (Jn. 12:45). Jesús nos mostró al Padre. Él es "la imagen misma de su sustancia" (He. 1:3).

Jesús nos muestra cómo es la paternidad de Dios. Nos demuestra la misericordia del Padre, la mansedumbre del Padre, la paciencia del Padre, el poder del Padre, la pasión del Padre y el asombroso amor del Padre. Y nos lleva al Padre. Piensa en lo que dijo en Juan 14:6: "Yo soy el camino... nadie viene al Padre, sino por mí". Jesús no es el final del viaje; Jesús es "el camino": la puerta. Él es el camino al corazón del Padre. Cuando venimos a Cristo, somos guiados a la presencia del Padre.

Según Jesús, conocer al Padre y al Hijo es la esencia de lo que significa tener vida eterna. Jesús dijo: "Y esta es la vida eterna: que te conozcan a ti, el único Dios verdadero, y a Jesucristo, a quien has enviado" (Jn. 17:3). Jesús pensaba todo el tiempo en el Padre. Su relación con el Padre invadía todo lo que decía y todo lo que hacía. Y vino para que pudiéramos ser adoptados en la misma clase de relación padre-hijo. Éste fue su único propósito, su única misión. Asegurarnos el derecho de reconciliarnos con el Padre fue la razón de la cruz.

¿Qué significa tener una relación con el Padre? En 1 Juan 1:3 leemos: "nuestra comunión verdaderamente es con el Padre, y con su Hijo Jesucristo". ¿Alguna vez te has detenido a pensar qué significa esto? La palabra griega para *comunión* es *koinonia. Koinonia* significa "hablar", "tener trato", "comunicarse". Tener relación con el Padre significa que hablamos, tenemos trato y nos comunicamos con Él. De acuerdo con la oración de Jesús en Juan 17, significa que conocemos al Padre y experimentamos su amor. Conocerlo es el proceso de llegar a familiarizarnos cada vez más con su carácter y sus caminos; significa una capacidad cada vez mayor de reconocer su voz, su rostro, sus manos y su corazón.

Jesús enseñó que su Padre nos ama tanto como ama a su Hijo (Jn. 17:23). Él oró para que el intenso amor que el Padre tiene por Él también sea para nosotras. ¿Puedes imaginarlo? ¡Si tú tienes una relación con Dios, el inmenso e intenso amor del Padre por su Hijo es para *ti*!

¿Cuánto conoces al Padre? ¿Estás profundizando tu relación con Él? ¿Estás entrando con gozo y confianza a la presencia del Padre? ¿Estás experimentando su amor por ti como su hija?

DIOS HA COLOCADO EL ANHELO POR UN PADRE EN TU CORAZÓN

Hace algunos años, en un pequeño pueblo de España, había un joven que se llamaba Juan. Juan era salvaje y rebelde. Los intentos de su padre para corregirlo habían fracasado. En un determinado momento, Juan le robó una gran suma de dinero a su padre y huyó de la casa.

Pasaron los meses y no tenía noticias de él. El padre amaba a su hijo y quería que regresara al hogar. Por ello, cuando escuchó que alguien había visto a Juan en la ciudad, fue a buscarlo. El padre recorrió las calles y los bares de la ciudad mostrando fotografías de Juan a desconocidos del lugar, pero sin resultado. Encontrar a su hijo en una ciudad tan grande era sin duda una tarea imposible.

Finalmente, le asaltó la idea de publicar un aviso en un periódico local. El mismo decía: "Juan: Está todo perdonado. Anhelo volver a verte. Por favor, te espero el sábado al mediodía en las escalinatas del Ayuntamiento. Con amor, Papá".

Cuando llegó el sábado y el padre fue al lugar señalado, se encontró, junto a su hijo, a más de cien muchachos llamados Juan, que estaban sentados en las escalinatas del Ayuntamiento. Todos los muchachos anhelaban, ansiaban, tener una relación con su padre, del cual se habían distanciado.

Hay algo dentro de cada uno de nosotros que anhela una relación con un buen padre. Hace varios años, el cantante y compositor Bob Carlisle escribió una balada titulada "Besos de mariposa". La canción hablaba del tierno amor entre un padre y su hija. Rápidamente ascendió a los primeros lugares y recibió reconocimiento internacional. Al pensar en el enorme éxito de la canción, Carlisle dijo: "Recibo un montón de cartas de muchachas jóvenes que quieren que me case con su mamá. Esto solía hacerme reír, pues es muy gracioso; pero después me di cuenta que ellas no quieren un romance para su mamá. Ellas quieren al padre de aquella canción, y eso me causa mucho dolor".[5]

Aquellas muchachas quieren el padre de la canción. Quieren un padre que las ame, las proteja y sea cariñoso y tierno con ellas. Quieren un padre que sea firme, responsable e inquebrantable en su compromiso con su familia; alguien que las ayude, las instruya y sea su más grande admirador. Es tan grande el anhelo por un papá como este, que le escriben a un perfecto extraño, cuyo único contacto ha sido a través de una canción transmitida por radio acerca del amor de un padre por su hija, para rogarle que se case con su madre y así poder tener el padre de sus sueños.

La necesidad humana de tener un padre es profunda. Y el anhelo expresado por estas pequeñas muchachas y por todos los muchachos llamados Juan que aparecieron en las escalinatas del Ayuntamiento es una evocación del anhelo de Dios Padre, que reside en cada corazón. Nuestro espíritu anhela ser adoptado por el padre de nuestros sueños, nuestro perfecto Padre celestial.

Cuando nos convertimos al cristianismo, somos adoptados en una relación de familia. En la cultura de la Antigua Roma, el proceso de adopción implicaba varios procedimientos legales cuidadosamente prescritos. Primero, el padre escogía al niño que quería adoptar. Luego, se separaba al niño de toda relación legal y social con su familia natural. Todas sus deudas y obligaciones previas se anulaban, como si nunca hubieran existido. Entonces, se colocaba al niño permanentemente con su nueva familia y se le concedían los mismos derechos y privilegios de un hijo natural, incluso el de ser un heredero. Varios testigos autorizaban el proceso.[6] Nuestro proceso de adopción es similar.

Nuestro Padre celestial nos escoge para ser adoptados en su familia. Nos separa de los vínculos legales y sociales que tenemos con el pecado. Por la gracia, a través de Cristo, nos libera de todas nuestras deudas y obligaciones. Nos coloca en la familia de Dios y nos concede derechos, privilegios y herencia. El Espíritu Santo es evidencia de la adopción.

El Espíritu Santo también se llama "el Espíritu de su Hijo" (Gá. 4:6), "el espíritu de adopción" (Ro. 8:15) y "el espíritu de vuestro Padre" (Mt. 10:20). Este es el Espíritu —el Espíritu del Hijo, el Espíritu de adopción, el Espíritu del Padre— que vive en mi corazón y en el tuyo. Y este es el Espíritu que nos llama y nos lleva a una intimidad con el Padre, que nos hace clamar: "¡Abba!". *Abba* es el término arameo informal para Padre, que indica ternura, intimidad, afecto y dependencia.[7] Es el clamor de un niño que llama a su "papi".

> "Y por cuanto sois hijos, Dios envió a vuestros corazones el Espíritu de su Hijo, el cual clama: ¡Abba, Padre!" (Gá. 4:6).

> "Pues no habéis recibido el espíritu de esclavitud para estar otra vez en temor, sino que habéis recibido el espíritu de adopción, por el cual clamamos: ¡Abba, Padre! El Espíritu mismo da testimonio a nuestro espíritu, de que somos hijos de Dios" (Ro. 8:15-16).

¿Has notado la primera frase de Romanos 8:15: "Pues no habéis recibido el espíritu de esclavitud para estar otra vez en temor"? Algunas de ustedes viven en temor de Dios Padre. Tienen miedo de que Dios Padre las abandone —las menosprecie, las desilusione, las hiera o les grite— como pudo haber hecho cualquier padre terrenal. Ese no es el Espíritu Santo que habla en ustedes. El Espíritu Santo no es "el espíritu de esclavitud... en temor". El Espíritu Santo en nuestro corazón clama "¡Abba, Padre!".

La palabra *clamamos* en el texto de Romanos indica una expresión espontánea de intensidad, llena de profundidad emocional y anhelo. Se usa en tiempo presente. Literalmente, "¡el espíritu en ustedes *en este preciso momento* está clamando Abba!". Habla de un incontenible clamor del corazón de quienes están controlados por el Espíritu de Dios. Bajo la influencia del Espíritu, todo nuestro ser —corazón, alma, mente, y fuerzas— clama con intenso anhelo por una relación con el Padre. Es una necesidad palpable, fuerte, intensa y desesperada que nos llama a ir al corazón del Padre.

¿Te has preguntado por qué no sientes paz en tu corazón? ¿Te has preguntado por qué te sientes inquieta y perturbada? ¿Te has preguntado por qué te sientes frustrada? Tal vez sea porque el Espíritu Santo en ti está clamando "¡Papi! ¡Papi! ¡Papi!". Pero tú estás muy ocupada con otras cosas. O tienes demasiado miedo de mirar al Padre a los ojos y recibir su amor.

EL ANHELO DE TU CORAZÓN SÓLO SERÁ SATISFECHO CON UNA RELACIÓN DE AMOR CON ÉL

El cristianismo es una relación de amor con el Padre y el Hijo. Es el amor que Dios me da y el amor que yo le doy. El Padre prodiga amor a sus hijos. El apóstol Juan exclamó: "Mirad cuál amor nos ha dado el Padre, para que seamos llamados hijos de Dios" (1 Jn. 3:1). Prodigar amor significa dar libre y generosamente. La palabra indica una efusión extremadamente liberal, abundante y extravagante.

¿Encuentras difícil aceptar el hecho de que el Padre te ame? ¿No solo saberlo racionalmente, sino creerlo realmente en lo profundo de tu corazón? ¿Crees que el Padre quiere relacionarse contigo de un modo personal, que quiere estar cerca de ti y tener una relación íntima contigo? ¿Crees que Él se deleita contigo y quiere pasar tiempo junto a ti? La causa de gran parte de nuestra depresión, nuestro odio por nosotras mismas y nuestra desesperación y desesperanza es la creencia errónea de que Dios posiblemente no nos ame.

¿Sabes que el Padre conoce tu nombre? Él dice: "Yo iré delante de ti, y enderezaré los lugares torcidos... y te daré... los secretos muy guardados... te llamé por tu nombre" (Is. 45:2-4).

¿Sabes que Él conoce los más mínimos detalles de tu vida, incluso la cantidad de células de tu cuerpo y la cantidad de cabellos de tu cabeza? "Pues aun vuestros cabellos están todos contados" (Mt. 10:30).

¿Sabes que el Padre recoge tus lágrimas en su redoma? "Mis huidas tú has contado; pon mis lágrimas en tu redoma; ¿No están ellas en tu libro? (Sal. 56:8).

¿Sabes que Él te tiene esculpida en las palmas de sus manos? "He aquí que en las palmas de las manos te tengo esculpida; delante de mí están siempre tus muros" (Is. 49:16).

¿Sabes que su corazón se conmueve y se llena de compasión cuando piensa en ti? "Como el padre se compadece de los hijos, se compadece Jehová de los que le temen" (Sal. 103:13).

¿Sabes que Él tiene una cuerda de amor amarrada a tu corazón y tiernamente te atrae hacia Él? "Cuando Israel era muchacho, yo lo amé, y de Egipto llamé a mi hijo... Yo con todo eso enseñaba a andar al mismo Efraín, tomándole de los brazos; y no conoció que yo le cuidaba. Con cuerdas humanas los atraje, con cuerdas de amor; y fui para ellos como los que alzan el yugo de sobre su cerviz, y puse delante de ellos la comida" (Os. 11:1, 3-4).

¡Qué asombrosa imagen la del corazón del Padre! Su amor es muy fuerte. El Padre te ama y quiere tener una relación de amor contigo. Él quiere tu corazón. Él te dice: "¿Cómo os pondré por hijos, y os daré la tierra deseable, la rica heredad de las naciones? Y dije: Me llamaréis: Padre mío, y no os apartaréis de en pos de mí" (Jer. 3:19).

El Padre valora tu obediencia. Él valora tu disciplina de orar, ayunar y leer la Palabra. Él valora tu servicio. Pero más que todas estas cosas y lo central del evangelio es esto: el Padre quiere tu corazón. Él no quiere que tu obediencia, conformidad, servicio, sacrificio y ministerio incesante sea algo mecánico. Si Él no tiene tu corazón, estas cosas no significan nada para Él. Vivir en una relación de amor con Dios es la clave para disfrutar y deleitarse en Él y que Él se deleite en ti. Si entiendes esto de verdad y lo tomas en serio, revolucionará tu vida y te permitirá comenzar a experimentar el gozo y la victoria que Cristo ya ha ganado para ti.

Entender que el cristianismo es una relación de amor es un hecho que revoluciona nuestra manera de vivir. Cambia nuestra manera de ver el arrepentimiento y la confesión. Nos arrepentimos y confesamos no solo por no haber obedecido las reglas, sino por haber herido al que amamos. Cambia nuestra manera de testificar. Testificamos porque queremos que todos lleguen al conocimiento de nuestro maravilloso Hermano y Padre, no para convertirlos a un culto o religión. Cambia nuestra perspectiva sobre las disciplinas cristianas. No leemos la Biblia, oramos, memorizamos, meditamos y ayunamos porque sea una exigencia, sino por nuestro anhelo de tener una relación con Aquel que ama y redime nuestra alma. Lo que nos motiva es el amor y el anhelo, no el deber y la obligación. Cambia nuestra perspectiva del servicio cristiano. No nos sentimos presionados, sino que escuchamos cuidadosamente a nuestro Padre y hacemos solo lo que Él nos pide. Nos deleitamos en nuestro Padre y nos regocijamos por ser sus hijas. Cambia nuestra perspectiva del sufrimiento, el dolor y el sacrificio. Nos llenamos de gozo y esperanza en la certidumbre de que nuestro Padre está en control y que todo saldrá bien. Nos entusiasma la idea de dejar atrás todo gozo pasajero por el gozo inigualable y desbordante de conocer a Dios y caminar con Él.

¿Estás viviendo tu vida en una relación de amor con tu Abba-Padre? ¿Estás fomentando o ignorando esta relación? ¿Te estás acercando o alejando de Él?

Justo en frente de la casa donde me crié en Canadá hay un canal que fluye hacia el profundo valle del río North Saskatchewan de Edmonton. En invierno, cuando se congela, el hielo supera el metro de profundidad; por lo que es seguro caminar y patinar sobre él. Pero en primavera, el hielo comienza a derretirse desde la profundidad hasta llegar a la superficie, por lo que es difícil determinar cuánto se ha derretido bajo la misma. Debido a esto, se advierte a los niños a mantenerse alejados del hielo en primavera.

Una primavera, a pesar de las reiteradas advertencias, un niño de once años, José, su amigo de once años, Bruno (estos no son sus nombres reales), y su hermano de seis años treparon a los densos matorrales y alamedas para jugar en un conducto bajo los soportes antiguos de madera que sostenían un puente. Los niños apenas habían dado unos cuantos pasos dentro del conducto cuando de repente el hielo se rajó, y José y el niño de seis años cayeron dentro de las aguas congeladas. Bruno logró sacar a su hermano pequeño y luego corrió a buscar una rama para extenderla a su amigo. Segundos más tarde, cuando Bruno regresó, José ya no estaba, la veloz corriente de las aguas lo había arrastrado bajo el hielo. Horrorizados y aterrados, Bruno y su hermano no le contaron a nadie lo sucedido. No fue hasta el día siguiente, cuando un policía interrogó a los compañeros de la escuela de José, que Bruno se derrumbó ante la presión y confesó.

Bomberos y policías usaron sierras motorizadas, taladros y picos para atravesar el hielo del conducto. Buzos especializados se sumergieron en las turbias aguas del deshielo. La tarea era extremadamente peligrosa. El hielo, que variaba entre un espesor de veinte centímetros y un metro y medio, era inestable. El agua estaba tan fría que rápidamente podía causar hipotermia. Además, la tarea era extremadamente larga y tediosa. El cuerpo de José podría haber quedado atrapado en cualquier lado entre el conducto y la desembocadura del canal al río, con más de un kilómetro de cauce descendiente. Al caer la tarde, la búsqueda quedó oficialmente pospuesta hasta que el hielo se descongelara. Pero aquella no fue una buena noticia para el padre de José.

A la mañana siguiente, su padre regresó con sierras motorizadas y taladros que había rentado para atravesar el hielo en varios puntos y abrirse paso lentamente por el sinuoso canal. Con espejos y linternas observaba entre los pozos de aire y la corriente del agua, con la esperanza de alcanzar a ver a su hijo. Con sus botas de pescador, iba quebrando el hielo día tras día, a menudo con las manos entumecidas y ensangrentadas. Las noticias de su tenacidad y persistencia despertaron la compasión de la ciudad, y docena de personas completamente extrañas acudieron para ayudarle. La búsqueda continuó día tras día, desde el amanecer hasta el anochecer. Una semana después del incidente, se comenzaron a perder las esperanzas y la mayoría de los colaboradores abandonó la búsqueda. Pero a pesar de mostrar síntomas de agotamiento, el padre se negó a detener su búsqueda. En una entrevista explicó: "No descansaré hasta que lo encuentre".

Al octavo día, alguien divisó el cuerpo de José atascado bajo una gruesa capa de hielo. Se hizo un profundo silencio mientras su padre atravesaba el canal, extraía el cuerpo rígido y congelado de su hijo y lloraba.

Igual que el padre de José, nuestro Padre celestial nos busca cuando nos perdemos. Él no descansa. No se rinde cuando todos los demás pierden las esperanzas. Persiste cada día hasta sostener entre sus brazos al hijo descarriado. Pero, a diferencia del padre de José, nuestro Padre celestial puede inclinarse y soplar aliento de vida a nuestra alma rígida y congelada. Nos vuelve a infundir vida hasta que nuestras mejillas moradas se tornan rosadas. Nos sostiene cerca de su corazón hasta que nuestro corazón bombea sangre y nuestras extremidades comienzan a moverse de nuevo.

Piensa en tu relación con tu Padre celestial. ¿Lo has desoído y, sin ser consciente del peligro, has ido a jugar cerca del canal congelado? ¿Has caído a las aguas congeladas? ¿Estás siendo arrastrada por la corriente? ¿Te sientes fría y entumecida? ¿Sientes la necesidad de que Él te sostenga fuertemente e infunda vida a tu espíritu? ¿Conoces y amas a tu Padre?

En los últimos versículos del Antiguo Testamento, el profeta Malaquías profetizó un tiempo cuando el corazón de los padres se volvería hacia sus hijos y el corazón de los hijos hacia los padres. En este preciso instante, el corazón de nuestro Padre celestial se está volviendo hacia ti. ¿Volverás tu corazón hacia él?

PARTE DOS

El reto de la feminidad bíblica en un mundo caído

RETRATO DE UNA MUJER USADA POR DIOS

Nancy DeMoss Wolgemuth

¿CÓMO ES UNA "MUJER PIADOSA"? ¿Cómo puede nuestra vida cumplir el propósito eterno por el que Dios nos creó? ¿Cómo podemos llevar "mucho fruto" (Jn. 15:5) para su gloria? Felizmente, la Palabra de Dios nos brinda las instrucciones que necesitamos; además, nos proporciona una serie de modelos para imitar: mujeres que ilustran qué significa caminar con Dios y que Él nos use.

Aunque estas mujeres vivieron situaciones bastante diferentes a las nuestras, enfrentaron muchos de los mismos retos que nosotras enfrentamos: fueron hijas, esposas y madres; experimentaron la juventud, la adultez y la vejez; tuvieron que luchar con los misterios de la vida y la muerte, la fe y la duda, el gozo y la tristeza. Al estudiar una descripción de sus vidas, nos instruimos en los caminos de Dios y encontramos un patrón para nuestra propia vida.

Uno de mis ejemplos bíblicos favoritos es María de Nazaret. En su vida encuentro una riqueza de sabiduría para mi propio caminar con Dios. Su historia ilustra muchas de las características de la clase de mujer que Dios usa para cumplir su propósito de redención en el mundo.

El Evangelio de Lucas registra el dramático momento en el que María supo por primera vez que Dios tenía un propósito extraordinario para su vida. Mientras transcurre el relato, alcanzamos a ver el corazón y el carácter de esta admirable mujer de Dios.

> Al sexto mes el ángel Gabriel fue enviado por Dios a una ciudad de Galilea, llamada Nazaret, a una virgen desposada con un varón que se llamaba José, de la casa de David; y el nombre de la virgen era María. Y entrando el ángel en donde ella estaba, dijo: ¡Salve, muy favorecida! El Señor es contigo; bendita tú entre las mujeres. Mas ella, cuando le vio, se turbó por sus palabras, y pensaba qué salutación sería esta. Entonces el ángel le dijo: María, no temas, porque has hallado gracia delante de Dios. Y ahora, concebirás en tu vientre, y darás a luz un hijo, y llamarás su nombre JESÚS. Este será grande, y será llamado Hijo del Altísimo; y el Señor Dios le dará el trono de David su padre; y reinará sobre la casa de Jacob para siempre, y su reino no tendrá fin.
>
> Entonces María dijo al ángel: ¿Cómo será esto? pues no conozco varón.
>
> Respondiendo el ángel, le dijo: El Espíritu Santo vendrá sobre ti, y el poder del Altísimo te cubrirá con su sombra; por lo cual también el Santo Ser que nacerá, será llamado Hijo de Dios. Y he aquí tu parienta Elisabet, ella también ha concebido hijo en su vejez; y este es el sexto mes para ella, la que llamaban estéril; porque nada hay imposible para Dios. Entonces María dijo: He aquí la sierva del Señor; hágase conmigo conforme a tu palabra. Y el ángel se fue de su presencia (Lc. 1:26-38).

MARÍA ERA UNA MUJER COMÚN

No había nada particularmente excepcional en María. No provenía de una familia ilustre o adinerada. Cuando el ángel se le apareció a esta joven adolescente, ella estaba comprometida en matrimonio y seguramente hacía lo que todas las muchachas comprometidas hacen: soñaba con casarse con José, con la casa en la que vivirían, con la familia que tendrían. No creo que estuviera esperando que su vida fuera usada de una manera extraordinaria.

La importancia de la vida de María no radicaba en ninguna de las cosas que el mundo valora tanto: el trasfondo cultural, la belleza física, la inteligencia, la educación, los dones y talentos naturales. Era la relación que María tenía con Jesús lo que le otorgaba importancia a su vida. No estaríamos leyendo este relato hoy si no hubiera sido por la relación que ella tenía con Jesús. "El Señor es contigo", le dijo el ángel. Esto es lo que marcaba una gran diferencia en la vida de esta joven muchacha. Y es lo que marca una gran diferencia en nuestra vida.

No pienses que debes ser extraordinaria para que Dios te use. No tienes que tener dones, talentos y habilidades excepcionales o relaciones influyentes. Dios se especializa en usar a personas comunes, cuyas limitaciones y debilidades las convierten en ejemplos ideales de su gloria y grandeza.

> "Pues mirad, hermanos, vuestra vocación, que no sois muchos sabios según la carne, ni muchos poderosos, ni muchos nobles; sino que lo necio del mundo escogió Dios, para avergonzar a los sabios; y lo débil del mundo escogió Dios, para avergonzar a lo fuerte; y lo vil del mundo y lo menospreciado escogió Dios, y lo que no es, para deshacer lo que es, a fin de que nadie se jacte en su presencia" (1 Co. 1:26-29).

A pesar de que podamos ser personas comunes y "no calificadas", todas nosotras como hijas de Dios podemos caminar con Él y ser usadas por Él; no porque seamos inherentemente importantes, sino debido a nuestra relación con Cristo. Nuestra verdadera identidad no se encuentra en un trabajo, un cónyuge, un hijo, una posición o una posesión. Es nuestra relación con el Señor Jesucristo lo que le da valor e importancia a nuestra vida y nos hace utilizables en su reino.

MARÍA ERA UNA MUJER PURA

Aunque había crecido en una comunidad conocida por su corrupción moral, era virgen. Indudablemente, muchas de las congéneres de María no se habían mantenido puras. Pero cuando Dios dispuso enviar a su Hijo al mundo para llevar a cabo su plan eterno de redención, escogió colocar la simiente de su Hijo en el vientre de una vasija pura. Escogió a una mujer que no se había dejado seducir por los encantos del mundo, sino que se había reservado para el uso del Maestro.

En un mundo que ostenta perversión y se mofa de la pureza, las mujeres de Dios deben estar dispuestas a ir contra la corriente; a caminar en pureza y enseñar a sus hijas la importancia y el valor del compromiso con la virtud personal y moral.

Puede que estés cosechando las bendiciones y beneficios de un compromiso con la pureza personal de toda la vida. Por otro lado, puede que estés viviendo con un profundo sentimiento de pérdida y remordimiento por haber tomado malas decisiones. Tal vez sientas que Dios nunca podrá usarte por no haberte mantenido pura. Lo asombroso de la gracia de Dios es que Él puede restaurar, y restaurará, la pureza de aquellas que acuden a él con un corazón contrito y arrepentido. Él no puede restaurar la virginidad que has sacrificado, pero por su gracia puede restaurar la verdadera virtud.

MARÍA ERA UNA MUJER SIN MÉRITO ALGUNO

Dios no escogió a esta mujer joven porque era digna de recibir el honor de ser la madre del Salvador. El ángel le dijo a María: "¡Salve, *muy favorecida*!" (v. 28). Esta frase podría traducirse: "... por la gracia de Dios has sido aprobada". Si alguna de nosotras ha de ser aprobada por Dios, es por su gracia; no por algo que hayamos hecho nosotras.

Por Ti hallado, ¡oh buen Pastor!,
Rescatado por tu amor;
Diste vida eterna a mí,
Vivo a Dios, ya acepto en Ti;
Mi justicia y mi salud,
Me das gracia en plenitud.

—AUGUSTUS TOPLADY, "ROCA DE LA ETERNIDAD"

Todo es por gracia. Una y otra vez en las Escrituras, vemos que Dios escoge personas sin mérito alguno. Dios no miró desde los cielos y dijo: "Veo una mujer que tiene algo para ofrecerme; creo que la voy a usar". María no era digna de ser usada por Dios; por el contrario, ella se maravilló de la gracia de Dios al escogerla.

En el momento en que dejemos de vernos como instrumentos indignos, es probable que dejemos de ser útiles en las manos de Dios.

MARÍA FUE UNA MUJER ESCOGIDA

Dios la escogió para una tarea de trascendencia eterna: para dar a luz al Hijo de Dios. En cierto sentido, Dios nos ha escogido para una tarea similar: para dar a luz vida espiritual. "No me elegisteis vosotros a mí, sino que yo os elegí a vosotros, y os he puesto para que vayáis y llevéis fruto, y vuestro fruto permanezca; para que todo lo que pidiereis al Padre en mi nombre, él os lo dé" (Jn. 15:16).

Yo creo que hay un significado especial en el hecho de que Dios nos creó como mujeres para dar a luz vida espiritual y cuidar de estas vidas. Ya sea que Él nos conceda hijos físicos o no, Él quiere usarnos para llevar la vida y la luz de Jesús al mundo; para ser reproductoras espirituales, al dar a luz su vida en la vida de otros.

Puede que veamos ciertas personas destacadas o extraordinariamente dotadas y pensemos que Dios las ha escogido de manera exclusiva. El hecho es que si tú eres una hija de Dios, *has* sido escogida por Dios para una tarea de suprema importancia: para dar a luz y cuidar hijos espirituales al llevar la vida del Señor Jesús a otros.

Una vez veas tu vida de este modo, nunca volverás a tener un problema de "autoestima". Hoy día, muchas mujeres tienen cicatrices por el rechazo de sus padres, cónyuges o amigos que las han despreciado. Qué gozo es descubrir que aunque merezcamos que Dios nos rechace, hemos sido escogidas para pertenecerle a Él y ser parte de su plan de redención en el universo.

MARÍA ERA UNA MUJER LLENA DEL ESPÍRITU

Nosotras también debemos ser llenas del Espíritu para cumplir el propósito por el cual Dios nos ha escogido. Cuando el ángel le dijo a María: "concebirás en tu vientre, y darás a luz un hijo", María respondió: "¿Cómo será esto? Pues no conozco varón". Dios la había escogido para una tarea humanamente imposible.

La tarea para la cual Dios nos ha escogido a ti y a mí no es menos imposible. Podemos dar a conocer el evangelio de Cristo a nuestros amigos perdidos, pero no podemos darles arrepentimiento y fe. Tú puedes proporcionarles a tus hijos un clima conducente a su crecimiento espiritual, pero no puedes hacer que tengan un corazón para Dios. Dependemos totalmente de Él para producir cualquier fruto de valor eterno.

En respuesta a la expresión de debilidad e insuficiencia de María, el ángel le prometió la fortaleza y suficiencia de Dios: "El Espíritu Santo vendrá sobre ti, y el poder del Altísimo te cubrirá con su sombra" (v. 35). En el Antiguo Testamento *El Elyon* era el Dios Altísimo, el Creador de los cielos y la tierra.

Son muchas las conversaciones que he tenido con el Señor, y se parecen un poco al diálogo de María con el ángel. Cuando el Señor me asigna una tarea, yo respondo: "Señor, ¿cómo? No puedo hacer esto. Hay otras personas más competentes. Yo no estoy preparada.

No estoy lista. Estoy tan cansada, tan débil, que ni sé lo que estoy haciendo". Y Él simplemente responde: "Lo sé. Es por ello que te he dado el Espíritu Santo. El Espíritu Santo te capacitará, y mi poder te cubrirá y se llevará tu debilidad".

Nunca te olvides que no puedes hacer lo que Dios te ha llamado a hacer. No puedes criar a ese hijo, amar a ese esposo, cuidar a ese padre anciano, sujetarte a ese jefe, enseñar en esa clase de escuela dominical o guiar a ese pequeño grupo de estudio bíblico.

Dios se especializa en lo imposible, por eso, cuando obtenemos la victoria al cumplir con la tarea, no podemos llevarnos ningún mérito. Los demás saben que no fuimos nosotras, y nosotras sabemos que no fuimos nosotras. Siempre debemos recordar que la única manera de vivir la vida cristiana y servir a Dios es por medio del poder de su Espíritu Santo. En cuanto pensamos que podemos hacerlo por nosotras mismas, nos volvemos inútiles para Dios. Tenemos que estar dispuestas a quitarnos del medio, permitir que Dios tome el control y que nos cubra.

MARÍA ERA UNA MUJER DISPUESTA

Con las promesas de Dios, la respuesta de María fue simplemente: "He aquí la sierva del Señor; hágase conmigo conforme a tu palabra" (v. 38). En otras palabras: "Señor, estoy dispuesta. Tú eres mi Amo; yo soy tu sierva. Estoy dispuesta a que me uses como quieras. Mi cuerpo es tuyo; mi vientre es tuyo; mi vida es tuya".

En ese acto de entrega, María se ofreció a Dios como un sacrificio vivo. Ella estaba dispuesta a que Dios la usara para cumplir sus propósitos; dispuesta a soportar la pérdida de la reputación que seguramente sufriría cuando las personas se dieran cuenta de que estaba embarazada; dispuesta a soportar el ridículo e incluso el posible apedreamiento permitido por la ley mosaica; dispuesta a pasar por nueve meses de creciente incomodidad y desvelo; dispuesta a soportar los dolores de parto de dar a luz al Niño. María estaba dispuesta a renunciar a sus propios planes y proyectos para colaborar con Dios en el cumplimiento de sus planes.

Esta fue la actitud del corazón de una joven mujer llamada Betty Stam que junto a su esposo, John, fueron a China como misioneros. En 1934, a los veintisiete y veintiocho años de edad, fueron martirizados a manos de los comunistas. La siguiente oración, escrita nueve años antes, explica por qué ella estuvo dispuesta a hacer este sacrificio extremo:

> Señor, renuncio a mis propios planes y objetivos, a todos mis deseos, esperanzas y ambiciones... y acepto tu voluntad para mi vida. Me rindo a ti, te entrego mi vida, todo mi ser, totalmente y para siempre... Haz tu entera voluntad en mi vida, cueste lo que cueste, ahora y siempre.[1]

Éste debería ser el clamor del corazón de cada mujer de Dios. "Soy tu sierva; estoy dispuesta. ¿Quieres que me case? Me casaré. ¿Quieres que me quede soltera? Me quedaré soltera. ¿Quieres que tenga hijos? Criaré hijos para tu gloria. ¿No quieres que tenga hijos? Entonces, seré una reproductora de fruto espiritual en la vida de los demás. ¿Quieres que viva en una casa pequeña, donde todos estemos apiñados? ¿Quieres que padezca una aflicción física? ¿Quieres que eduque escolarmente a mis hijos en casa? ¿Quieres que ame y sirva a mi esposo con el que es tan difícil convivir? ¿Quieres que me encargue de discipular a esa muchacha y la guíe en tus caminos? ¿Quieres que ceda mi tiempo libre para darle clases privadas a ese niño de un hogar dividido? ¿Quieres que le lleve comida a ese vecino malhumorado que está enfermo? ¡Señor, como Tú quieras! Soy tu sierva. ¡Haré lo que Tú digas!".

MARÍA ERA UNA MUJER CREYENTE

Después del encuentro con el ángel, María fue a visitar a su prima Elisabet. Elisabet reconoció en la joven su respuesta de fe a la palabra de Dios: "Bienaventurada la que creyó, porque se cumplirá lo que le fue dicho de parte del Señor" (v. 45). María le tomó la palabra a Dios. Ella tuvo fe en la capacidad de Dios de cumplir su promesa. Fue aquella fe en Dios y su Palabra lo que activó el poder y la bendición de Dios en su vida. Como resultado, Dios cumplió su promesa y nació el Salvador.

Hace años, el Dr. Adrian Rogers retó a una gran concurrencia con estas palabras: "No tenemos derecho a que nos crean, mientras existan otras explicaciones".[2] Gran parte de nuestra vida se puede explicar porque nos valemos de nuestros esfuerzos naturales y humanos, y de nuestra energía, capacidades y planes, programas y métodos. ¿Qué pasaría si el pueblo de Dios creyera sus promesas, se aferrara a Él en oración y le pidiera lo imposible: la reconciliación de matrimonios divididos, la salvación de amigos y familiares incrédulos, la transformación espiritual de hijos desobedientes, un nuevo derramamiento de su Espíritu en un genuino avivamiento? Podríamos ver a Dios enviar del cielo el avivamiento más grande que este mundo haya conocido jamás.

MARÍA ERA UNA MUJER QUE ALABABA

Cuando Dios nos coloca en circunstancias problemáticas, o bien *adoramos* o nos *quejamos*. Me avergüenza decir que lo que más he hecho ha sido quejarme; incluso acerca del ministerio. "Oh, Señor, estoy cansada de viajar. ¿Tengo que ir a ese lugar? ¡Eso es muy difícil! ¿Por qué tengo que lidiar con esa persona?". Me viene a la mente el pueblo de Israel que murmuraba incesantemente en el desierto. "¡Ojalá muriéramos... en este desierto...!", se quejaban. Un día, Dios llegó a decirles básicamente: "¿Así que quieren morir en el desierto? ¡Está bien, van a morir en el desierto!" (ver Nm. 14:2, 28-30). Ten cuidado de lo que dices cuando murmuras; Dios podría tomarlo en serio.

Pero cuando la vida de María parecía un caos, cuando tuvo que enfrentar un drástico cambio de planes, respondió en adoración y alabanza. "Engrandece mi alma al Señor; y mi espíritu se regocija en Dios mi Salvador" (vv. 46-47). Así comienza su *Magníficat*; uno de los himnos de alabanza más extraordinarios jamás entonados al cielo. Ella adoró a Dios por sus obras maravillosas, por su misericordia y por escogerla para ser parte de su gran plan de redención.

MARÍA ERA UNA MUJER DE LA PALABRA

Su oración en Lucas 1:45-46 incluye, al menos, una docena de citas del Antiguo Testamento. En aquellos días, las mujeres no tenían una educación formal; es probable que María fuera analfabeta. Pero ella había escuchado la lectura de la Palabra y la había guardado en su corazón. Su vida y sus oraciones estaban llenas de las Escrituras.

Una de las necesidades más grandes como mujeres es llegar a ser mujeres de la Palabra para que nuestras oraciones, nuestras respuestas y nuestras palabras estén saturadas de los pensamientos de Dios. El mundo no necesita escuchar nuestras opiniones. Cuando nuestras amigas nos piden consejos con respecto a sus hijos, su jefe, sus finanzas, sus temores, su depresión u otros asuntos, no necesitan escuchar lo que nosotros pensamos. Deberíamos ser capaces de llevarlas a la Palabra y decir: "No tengo las respuestas que tú necesitas, pero conozco a alguien que las tiene. Esto es lo que dice la Palabra de Dios acerca de tu situación".

Dios no pretende que los pastores sean los únicos que enseñen la Palabra. Cada una de nosotras debería poder usar la Palabra eficazmente, no solo en nuestra adoración y en nuestro caminar, sino también para ministrar a las necesidades de los demás. Si queremos ser mujeres de la Palabra, debemos dar prioridad a la lectura diaria de la Palabra —leer, estudiar, memorizar, meditar, personalizar y orar— y dejar que Él nos enseñe sus caminos.

MARÍA ERA UNA MUJER REFLEXIVA

Después del nacimiento del Señor Jesús, se nos dice que "María guardaba todas estas cosas, meditándolas en su corazón" (Lc. 2:19). Doce años más tarde, después que María y José encontraron a Jesús que hablaba con los maestros de la ley en el templo, una vez más leemos que ella "guardaba todas estas cosas en su corazón" (v. 51). Las dos palabras diferentes del griego, que se tradujeron "guardaba", significan "guardar diligentemente, preservar, cuidar, mantener cerca".[3] En medio de las diversas responsabilidades de ser esposa y madre, María se hacía tiempo para contemplar lo que estaba sucediendo en su vida y meditar en lo que Dios había hecho.

El ritmo precipitado, frenético y asediado de nuestra cultura puede ser adictivo y embriagador. Muchas de nosotras cedemos a la tentación de llenar cada momento activo de nuestra vida con ruido y actividades. Subimos al automóvil y encendemos la radio; caminamos por la casa y encendemos el televisor o la computadora o levantamos el teléfono para llamar a alguien. Correos electrónicos, mensaje de voz, teléfonos celulares, música y medios de comunicación social amenazan con llenar cada espacio disponible y con dejarnos emocional y espiritualmente vacías y superficiales.

Si queremos ser instrumentos de su gracia que reflejen su luz en la oscuridad que nos rodea, debemos hacernos tiempo para estar en silencio —para estar quietas— para meditar y reflexionar en lo que es Dios y en lo que está haciendo a nuestro alrededor y en nuestra vida.

MARÍA ERA UNA MUJER HUMILDE

Se dice muy poco de esta mujer después del nacimiento de Jesús. Al parecer, ella era feliz de ser identificada como la madre de Jesús. Estaba contenta de estar en segundo plano, de no ser muy conocida, sino de hacer que lo conocieran a Él. El mensajero angelical había dicho de su hijo: "*será* grande" (Lc. 1:32).

María no se veía a sí misma digna del favor de Dios: "ha mirado la bajeza de su sierva" (v. 48). En otras palabras: "¿Quién soy yo para que se haya dignado a mirarme con favor?". Ella tenía el espíritu de Juan el Bautista, que decía: "Es necesario que él crezca, pero que yo mengüe" (Jn. 3:30). He aquí una mujer que reconocía: "aquí el que importa es Él, no yo".

Las mujeres de hoy día no siempre reciben elogios por ser esposa y madre, por amar y cuidar de su esposo y sus hijos con devoción. La sociedad nos presiona fuertemente a "hacer algo que valga la pena", a tener nuestra propia identidad. Incluso, aparte de la presión de la sociedad, nuestro propio corazón aspira reconocimiento y valoración por el sacrificio que hacemos. La mujer que Dios usa es una mujer humilde, que sigue los pasos del Señor Jesús, que "se despojó a sí mismo, tomando forma de siervo" (Fil. 2:7).

MARÍA ERA UNA MUJER QUE CONFIABA

Ella confiaba que Dios era más grande que sus circunstancias. La confianza de su corazón se puede ver en el primer capítulo de Mateo, después de ese encuentro con el ángel que le cambió la vida. José, su prometido, no había visto ni había oído al ángel. Cuando María le explicó lo que había sucedido, al parecer, él no le creyó. Pero María sabía cómo confiar en Dios, y estaba dispuesta a esperar que Él obrara. Ella no presionó a su prometido para que creyera lo que Dios le había dicho; antes bien, le dio tiempo a Dios para que le hablara a él y obrara en su corazón.

A veces, las mujeres solemos discernir o percibir una realidad espiritual antes que los hombres. La tendencia natural, en ese momento, es pensar que tenemos que convencerlos de la veracidad o de la importancia de la realidad espiritual que hemos discernido.

María no tenía ese espíritu. Ella no trató de demostrar nada. No sintió que fuera su responsabilidad convencer a José. No ejerció ninguna manipulación ni control alguno. Simplemente esperó en el Señor y confió en que Él cumpliría sus propósitos. Y, a su tiempo, Dios envió un ángel para que le revelara a José lo que debía saber.

Puede que estés cansada de esperar que Dios le hable a tu esposo, a tu pastor o a cualquier autoridad espiritual. No trates de hacerlo por ti misma. Espera en el Señor. Confía en Él. Él cumplirá sus propósitos en su tiempo y a su manera.

MARÍA ERA UNA MUJER SUMISA

Ya hemos visto que se sujetó a Dios cuando le dijo: "He aquí la sierva del Señor; hágase conmigo conforme a tu palabra". Ella aceptó la voluntad de Dios, aunque era completamente diferente de todo lo que había planeado para su vida. María también demostró estar sujeta a Dios al estar sujeta a su esposo. Después del primer encuentro de María con el ángel, Dios dio instrucciones para ella y su familia a través de su esposo; y ella permitió que él tomara la delantera. Para proteger a su Hijo de la ira de Herodes, Dios le dijo a José que tomara a su familia y huyera a Egipto. (¡Después de lo que María había visto y experimentado, podría haberle parecido difícil seguir a un simple mortal!) Después que Herodes muriera, Dios le dijo a José que regresara a Nazaret. A medida que Dios le revelaba su voluntad, José guiaba a su familia, y su familia le seguía.

Es fácil que las mujeres que son sensibles al Señor, participan en estudios bíblicos, crecen espiritualmente e incluso enseñan la Palabra a otros, se sientan más capacitadas para liderar que su esposo e incluso su pastor. Cuando transmitimos este sentido de superioridad espiritual, despojamos a los hombres de su motivación de cumplir el llamado que Dios les ha dado de estar a cargo del liderazgo de su familia y la familia de Dios. Si queremos cumplir los propósitos de Dios en nuestra vida, debemos estar dispuestas a ceder el control y permitir que Dios nos guíe a través de los hombres que Él ha colocado en posiciones de autoridad.

MARÍA ERA UNA MUJER QUE EJERCÍA INFLUENCIA

En el Evangelio de Juan encontramos el relato de Jesús en las bodas de Caná; donde, ante la falta de vino, María envió a los siervos a Jesús: "Hagan lo que él les ordene" (2:5, NVI). Ella usó su influencia para enviar a otros a Jesús y animarlos a obedecerle y seguirle.

Cuando amigos y conocidos vienen a nosotras con problemas, nuestro papel a desempeñar no es el de resolver sus problemas, sino de enviarlos a Jesús y animarlos diciéndoles: "Hagan lo que él les ordene".

Al parecer, María también ejercía influencia al guiar a sus propios hijos a seguir a Jesús. Durante su ministerio terrenal, los medio hermanos de Jesús no creían en Él (ver Jn. 7:5). Sin embargo, cuando se inició la iglesia primitiva, se habían convertido (Hch. 1:14); dos de ellos —Judas y Santiago— escribieron los libros del Nuevo Testamento que llevan sus nombres. Yo creo que probablemente María fuese una de las influencias claves que los guió a la fe en Jesús.

MARÍA ERA UNA MUJER DE ORACIÓN

Ella entendía la necesidad no solo de la oración en privado, sino de la oración corporativa. Después de la ascensión de Jesús a los cielos, ciento veinte creyentes se reunieron en el aposento alto por cuarenta días, para esperar que Dios enviara la promesa del Espíritu Santo. María estaba entre aquellos que "perseveraban unánimes en oración y ruego" (Hch. 1:14).

Una de las maneras más importantes en las que Dios ha usado a las mujeres como instrumentos de avivamiento es en la oración. En 1949-1951 Dios usó a dos hermanas ancianas, Peggy y Christine Smith, en el avivamiento de Lewis, en Escocia. Ambas mujeres tenían alrededor de ochenta años. Peggy era ciega y Christine estaba inválida con artritis. Ni siquiera podían salir de su pequeña cabaña para adorar en la iglesia del pueblo. Pero ellas sabían cómo orar. Dios usó sus oraciones para plantar semillas de anhelo en el corazón de los hombres que entonces comenzaron a orar por un avivamiento. Dios envió un gran avivamiento espiritual en respuesta a las oraciones más fervientes de estas dos mujeres desconocidas.

Mi propia vida es, en cierta medida, el fruto de las oraciones de una bisabuela que nunca conocí. Al leer los informes de violencia y perversión de nuestra cultura, al recibir cartas de mujeres cuyos cónyuges e hijos están lejos de Dios, al ver la condición decadente de tantos en nuestros templos y hogares evangélicos, me pregunto: *¿Dónde están las mujeres que oran? ¿Dónde están las esposas, las madres, las abuelas, las hermanas y las hijas que están llevando la carga sobre sus rodillas y claman a Dios por misericordia e intervención divina?*

MARÍA ERA UNA MUJER DEVOTA

Ella siguió a Jesús a lo largo de su ministerio terrenal, aun cuando otros lo rechazaron y no lo siguieron. Ella fue una de las pocas que lo acompañaron en todo el recorrido hasta la cruz. Cuando otros huyeron para salvar su vida, ella siguió fiel a Jesús, a pesar del daño o riesgo personal.

Tal como fue el caso en la época de Jesús, muchos de los que dicen ser discípulos hoy día seguirían a Jesús siempre y cuando no les costara demasiado; siempre y cuando su familia y amigos también lo siguieran; siempre y cuando sus necesidades fueran suplidas y seguirlo fuera gratificante y emocionante. Estarían dispuestos a obedecer la Palabra siempre y cuando los caminos de Dios parezcan "dar resultado". Pero pocos están dispuestos a seguir a Jesús cuando implica la cruz; cuando el resultado aparente no es lo que esperaban; cuando han de convivir con aquellos que se oponen a Él o cuando no alcanzan a ver que el sacrificio y sufrimiento que deben soportar tiene fin.

MARÍA ERA UNA MUJER AMADA

María no solo amaba a su Hijo, sino que el Señor Jesús la amaba entrañablemente. En los últimos momentos de su vida, Él se aseguró de que su madre viuda y desolada tuviera quién la cuidara apropiada y adecuadamente y supliera sus necesidades. Él le proveyó un medio de la gracia dentro del contexto de la familia de Dios. Y ella aceptó su amor y provisión.

Al viajar y ministrar por todo el país, encuentro muchas mujeres cristianas que no se sienten amadas y tienen una gran necesidad espiritual. Cuando esperan que cosas materiales y personas terrenales suplan su vacío emocional, terminan siempre vacías y desilusionadas. Nada ni nadie puede llenar ese vacío del tamaño de Dios. Pero tenemos al Señor Jesús, que nos conoce y nos entiende, que nos ama celosamente y que nos cuida y suple nuestras necesidades. El apóstol Pablo se maravilló ante el increíble amor de Cristo:

> "¿Quién nos separará del amor de Cristo? ¿Tribulación, o angustia, o persecución, o hambre, o desnudez, o peligro, o espada?... Antes, en todas estas cosas somos más que vencedores por medio de aquel que nos amó. Por lo cual estoy seguro de que ni la muerte, ni la vida, ni ángeles, ni principados, ni potestades, ni lo presente, ni lo por venir, ni lo alto, ni lo profundo, ni ninguna otra cosa creada nos podrá separar del amor de Dios, que es en Cristo Jesús Señor nuestro" (Ro. 8:35-39).

La pregunta es, ¿Creeremos su promesa? ¿Permitiremos que nos ame? ¿Recibiremos su provisión?

MARÍA ERA UNA MUJER HERIDA

Ocho días después que Jesús naciera, María y José llevaron al niño al templo (Lc. 2:21-35). Simeón, que había estado esperando la aparición del Mesías, tomó al niño Jesús en sus brazos y lo bendijo. Simeón dijo que el niño sería una señal que crearía oposición; lo cual presagiaba la cruz y el sufrimiento al que sería sometido. Después, Simeón miró a María y le dijo unas palabras que no comprendería completamente hasta que pasaran treinta y tres años y estuviera a los pies de la cruz de su hijo. Aquel día, ella seguramente recordó las palabras de Simeón: "Una espada traspasará tu misma alma" (v. 35).

Allí, en el calvario, creo que aquella espada traspasó el alma de María en más de un sentido. Primero, como una madre que estaba perdiendo a su hijo. Ella estaba renunciando a la vida de su hijo. Así como Él rendía su vida, de igual modo ella renunciaba a la vida de su hijo para la salvación y la redención del mundo.

Madres, ¿han renunciado a sus hijos por la causa de Cristo y su reino? Qué triste es ver, a veces, a padres cristianos obstaculizar a sus hijos cuando estos quieren rendir su vida por la causa de Cristo. Y qué gozo es ver a padres que gozosamente dejan que sus hijos hagan la voluntad de Dios. Recuerdo cuando una querida amiga mía, esposa de un pastor, se despidió de una de sus hijas, junto a su yerno y dos nietos que se marchaban a Camboya como misioneros. Justo antes de su partida, le pregunté a mi amiga: "¿No es difícil para ti? Ella respondió: "¡Ah! Nancy, no puedo pensar en nada más maravilloso que tener una hija que quiera rendir su vida para llevar el evangelio al mundo. Sí, es duro. No los veremos mucho en este mundo, pero hay toda una eternidad después de esta vida". Mi amiga, igual que María de Nazaret, estaba dispuesta a soportar el dolor de renunciar a su hija para que Dios pudiera cumplir su plan de redención.

Otra herida traspasó el alma de María; ésta incluso más profunda que la primera. Obviamente, ella entendía que su hijo estaba muriendo no solo por los pecados del mundo, sino por los pecados *de ella*. Aun antes de que Él naciera, ella lo había reconocido como "Dios *mi* Salvador" (Lc. 1:47). A pesar de que ella era buena, no era lo suficientemente buena como para ir al cielo por sus propios méritos. Igual que cada una de nosotras, ella tuvo que colocar su fe en el Hijo de Dios crucificado, que murió en su lugar. Al estar parada a los pies de la cruz, tal vez, recordara las palabras del profeta Isaías:

> "Mas él herido fue por nuestras rebeliones, molido por nuestros pecados; el castigo de nuestra paz fue sobre él, y por su llaga fuimos nosotros curados. Todos nosotros nos descarriamos como ovejas, cada cual se apartó por su camino; mas Jehová cargó en él el pecado de todos nosotros" (Is. 53:5-6).

María era una mujer herida; herida no solo por sus sufrimientos, sino por su pecado. Al contemplar a su hijo crucificado, ella se dio cuenta de que Él estaba siendo herido por ella. Y al creer, ella fue sanada, limpiada de su pecado. Tres días más tarde, cuando se enteró de que Él había conquistado la muerte y estaba vivo, supo que por medio de su muerte ella había sido sanada; entonces se unió a otros discípulos para llevar las buenas nuevas de la expiación de sus pecados a un mundo pecador, herido, para que también pudiera ser sanado y conociera la salvación. Por más de dos mil años, la vida de María ha proporcionado un retrato de la piedad a mujeres que, igual que ella, anhelan ser usadas por Dios.

PREGUNTAS PARA REFLEXIONAR

Al repasar las cualidades que hemos visto en la vida de María de Nazaret, tómate un tiempo para meditar en las siguientes preguntas y pedirle al Espíritu Santo que te haga la clase de mujer que Él puede usar para cumplir sus propósitos de redención en el mundo.

1) *Una mujer común*: ¿Qué es lo que le otorga importancia a mi vida? ¿Creo que Dios puede usar mi vida para ejercer influencia en el mundo?
2) *Una mujer pura*: ¿Soy una mujer pura? ¿En mi conducta? ¿En mis relaciones? ¿Soy pura en lo que miro, leo y escucho? ¿En la manera que me visto? ¿Son puras mis motivaciones? ¿Mis pensamientos? ¿Mis hábitos privados?
3) *Una mujer sin mérito alguno*: ¿Soy consciente de que todo lo bueno o útil en mi vida es el resultado de su gracia inmerecida derramada sobre mí?
4) *Una mujer escogida*: ¿Soy consciente de haber sido escogida por Dios para cumplir un propósito específico en mi generación?
5) *Una mujer llena del Espíritu*: ¿Dependo del poder del Espíritu Santo para ser y hacer aquello por lo que Dios me ha escogido? ¿Estoy buscando una llenura fresca y diaria de su Espíritu Santo en mi vida?
6) *Una mujer dispuesta*: ¿Me he puesto a entera disposición de Dios para cualquier propósito que Él quiera cumplir en mi vida? ¿Estoy dispuesta a que Él me use cualquiera sea el costo?
7) *Una mujer creyente*: ¿Estoy ejerciendo la fe en las promesas de Dios? ¿Estoy creyendo a Dios por lo imposible, de no ser por su poder? ¿Cómo demuestro tener fe en el poder de Dios? ¿Hay algo en mi vida que no tenga explicación, de no ser por Dios?
8) *Una mujer que alaba*: ¿Se caracteriza mi vida por un espíritu de alabanza? ¿Respondo a las circunstancias y retos de cada día con gratitud por la grandeza y misericordia de Dios? ¿Mi manera de responder a mis circunstancias diarias le brinda al mundo una perspectiva apropiada de Dios?
9) *Una mujer de la Palabra*: ¿Amo la Palabra de Dios? ¿La leo, la memorizo, medito en ella y la doy a conocer a otros? ¿Aplico la Palabra a las circunstancias diarias de la vida real?
10) *Una mujer reflexiva*: ¿Dedico tiempo para recordar lo que Dios ha hecho y para meditar en lo que está haciendo en mi vida y en mis circunstancias?
11) *Una mujer humilde*: ¿Estoy contenta de servir a Dios sin el reconocimiento o la valoración humana? ¿Es mi objetivo que Él crezca

y yo mengüe? ¿Estaría dispuesta a hacer todo lo que hago si nadie me viera, me aplaudiera o me agradeciera?

12) *Una mujer que confía*: ¿Confío en que Dios cumplirá sus propósitos en mi vida y en la vida de mis seres queridos? ¿Hay algún ámbito de mi vida donde esté tratando de resolver cosas por mis propios medios en lugar de confiar que Dios hará todo lo que sea necesario?
13) *Una mujer sumisa*: ¿Confío en que Dios me guiará por medio de las autoridades que Él ha puesto en mi vida? ¿Les facilito la tarea a mis autoridades o me resisto con obstinación?
14) *Una mujer que ejerce influencia*: ¿Atraigo la atención de los demás hacia mi propia vida o hacia Jesús? ¿De qué manera ejerzo influencia en otros para que amen, adoren y obedezcan al Señor Jesús?
15) *Una mujer de oración*: ¿Soy una mujer de oración? ¿Me reúno regularmente con otros creyentes en oración por el avivamiento de la iglesia y la evangelización del mundo?
16) *Una mujer devota*: ¿Soy una fiel seguidora del Señor Jesús, en los buenos tiempos y en los malos tiempos? ¿Estoy comprometida a seguirlo incluso cuando sea costoso o cuando otros no lo hagan?
17) *Una mujer amada*: ¿Estoy permitiendo que Jesús me ame, cuide de mí y supla mis necesidades? ¿Estoy recibiendo la provisión que Él ha hecho para suplir mis necesidades?
18) *Una mujer herida*: ¿Estoy dispuesta a sufrir para que otros puedan experimentar la obra redentora de Jesús en su vida? ¿He confiado alguna vez en Cristo como mi Salvador, y reconocido que las heridas que Él sufrió en la cruz fueron por mis pecados y para mi salvación?

CÓMO LLEGAR A SER UNA MUJER PRUDENTE

Nancy DeMoss Wolgemuth

SI TE PIDIERAN QUE enumeraras las mayores causas del resquebrajamiento familiar, ¿qué sugerirías? ¿La cultura? ¿Los medios de comunicación? ¿El entretenimiento? ¿La educación secular? ¿Las leyes antifamilia y la política pública? ¿La lacra social? ¿La pobreza? ¿Los padres abusivos o ausentes?

¿Incluirías en tu lista las mujeres necias? Cuanto más estudio los caminos de Dios, más me doy cuenta de la increíble influencia que las mujeres tenemos en nuestro hogar, para bien o para mal. Las Escrituras lo dicen de esta manera: "La mujer sabia edifica su casa; mas la necia con sus manos la derriba" (Pr. 14:1). Hay dos clases de mujeres en este mundo: las sabias y las necias. En un momento dado, tú y yo, o somos mujeres sabias o necias; nos demos cuenta o no, o edificamos nuestra "casa" o la derribamos.

Cada mujer tiene una "casa", una esfera inmediata de influencia. Si eres casada, si tienes hijos, tu familia es tu círculo de influencia más cercano e importante. Las mujeres solteras también tienen una "casa"; que abarca a los miembros de su familia extendida, su iglesia, su lugar de trabajo y su comunidad. Una mujer sabia participa activamente en la edificación de su casa diariamente, pero la mujer necia derriba su casa con sus propias manos.

John Adams, el segundo presidente de los Estados Unidos,

reconoció la increíble influencia de las mujeres no solo en sus propios hogares, sino en el carácter total de una nación:

> De todo lo que he leído de historia y gobierno, vida humana y comportamiento humano, he llegado a la conclusión de que el comportamiento de la mujer es el barómetro más infalible para determinar el grado de moralidad y virtud de una nación. Tanto judíos como griegos, romanos, suizos, holandeses, todos perdieron su espíritu público y sus formas de gobierno republicano cuando perdieron las virtudes recatadas y domésticas de sus mujeres.[1]

La influencia destructiva de las mujeres necias es muy obvia en el mundo secular. En años recientes hemos visto cómo el poder de la necedad de las mujeres ha derribado y destruido la sensibilidad moral y el carácter de toda una nación. Todas podemos pensar en mujeres famosas —animadoras, políticas, esposas de figuras públicas— cuyas filosofía y estilo de vida han ejercido una enorme influencia negativa en toda nuestra cultura.

Sin embargo, lo que debería preocuparnos más es hasta qué punto la necedad de las mujeres ha invadido la iglesia evangélica. Hemos imitado la definición de lo que significa ser una mujer para el mundo, así como lo que significa ser un hombre. Hemos confundido, si no erradicado, las distinciones entre carácter, comportamiento y roles femeninos y masculinos. Hemos perdido nuestro arraigo, nuestro sentido de lo que es puro y bueno, verdadero y correcto. Comprendemos muy poco el significado o la importancia de palabras tradicionales como *íntegra, modesta, prudente* y *casta*.

Hace varios años, me enteré de que un líder cristiano había estado implicado en un comportamiento inapropiado con una mujer del personal. Cuando su esposa lo confrontó con el motivo de su preocupación, la respuesta de él fue: "¡Vamos, estamos en la década de los '90!". Ahora, en el siglo XXI, incluso hay mayor confusión acerca de tales asuntos. Excusamos, toleramos y justificamos conductas que hubieran sido inconcebibles hace una generación.

La razón de nuestra penosa situación es una falta de clara enseñanza bíblica y reflexión en nuestro llamado y nuestro papel a desempeñar como mujeres. Solo si volvemos a las Escrituras y colocamos nuestra vida bajo su autoridad podremos ser libres de la necedad que ha hecho que derribemos nuestra "casa", y llegaremos a ser mujeres sabias que edifiquen su casa. Lo que está en juego no es solo nuestro bienestar espiritual, sino el de nuestra familia, nuestra iglesia, nuestra comunidad e incluso las generaciones venideras.

Aquellas que somos "mujeres mayores" tenemos una responsabilidad de entrenar a la siguiente generación de mujeres en los caminos de Dios: de enseñarles las características de la mujer sabia y la mujer necia, advertirles contra los peligros y las consecuencias de ser necia e inculcarles la visión y el compromiso de ser una mujer sabia. También necesitamos enseñar a nuestros hijos y nuestros jóvenes la diferencia entre la mujer sabia y la mujer necia: qué cualidades admirar y qué cualidades evitar en las mujeres.

Proverbios capítulo 7 es un retrato a todo color de una mujer necia. El contexto inmediato es el de los consejos de un padre a su hijo acerca de cómo reconocer y protegerse de las artimañas de una mujer necia. Sin embargo, este pasaje incluye muchos conceptos profundos que deberían ser una parte indispensable del "currículum" que nosotras, como mujeres, dominemos y transmitamos a la siguiente generación de mujeres.

El primer párrafo del capítulo nos introduce en el tema. Un padre le recomienda encarecidamente a un joven que sea sabio y cauto ante una clase particular de mujeres que puede tenderle una trampa.

> *"Hijo mío, guarda mis razones,*
> *Y atesora contigo mis mandamientos.*
> *Guarda mis mandamientos y vivirás,*
> *Y mi ley como las niñas de tus ojos.*
> *Lígalos a tus dedos;*
> *Escríbelos en la tabla de tu corazón.*
> *Di a la sabiduría: Tú eres mi hermana,*
> *Y a la inteligencia llama parienta;*
> *Para que te guarden de la mujer ajena,*
> *Y de la extraña que ablanda sus palabras"* (vv. 1-5).

El escritor advierte acerca del peligro de enredarse con una mujer "extraña". Esta palabra se traduce diversamente como "adúltera" (NVI), "desconocida" (LBLA) y "que te engaña" (TLA). La palabra significa literalmente "desviar".[2]

El Cantar de los Cantares describe dos clases de mujeres. Una es como un "muro"; la otra es como una "puerta" (8:9). La mujer que se describe como un muro ha edificado su vida sobre convicciones. Como resultado, es firme e intransigente ante las propuestas inapropiadas de los hombres. Ella ha establecido su vida sobre la verdad de la Palabra de Dios. La otra clase de mujer es como una puerta que puede bambolearse fácilmente. Puesto que su vida no está edificada sobre convicciones bíblicas, es vulnerable a la tentación e incluso ella misma podría llegar a ser una fuente de tentación. La mujer de Proverbios 7 es una puerta. Es libertina; se ha desviado de una vida de pureza e integridad. Es una mujer necia.

Tal vez estés pensando: *Yo no soy una mujer inmoral. En realidad, Proverbios 7 no se aplica realmente a mí.* La primera vez que me pidieron que predicara este mensaje, era para una conferencia de mujeres que estaban en el ministerio cristiano a tiempo completo. Mi respuesta inicial fue: *¿Cómo es posible aplicar este pasaje a esas mujeres?*

Al meditar en ese pasaje, llegué a creer que se aplica a cada mujer cristiana. Primero, aun en las iglesias y ministerios más respetados hay mujeres seductoras; mujeres con corazones adúlteros e intenciones inmorales. Hoy día, cualquier clase de perversión que se encuentra en el mundo, puede encontrarse también en la iglesia. En cuanto pienso que lo he escuchado todo, me entero de otra situación donde la inmoralidad ha destruido un hogar cristiano. La mayoría de las veces, hay una mujer libertina y necia implicada en la tragedia.

Segundo, casi en cada grupo de mujeres cristianas, están aquellas que no se dan cuenta de su necedad. Desconocen la diferencia entre una mujer sabia y una necia; no entienden los conceptos básicos acerca de la pureza personal, moral y relacional. Necesitan aprender los caminos de Dios, y disciplinarse para llegar a ser mujeres sabias.

Tercero, este pasaje es importante hasta para aquellas mujeres que tienen la genuina determinación de ser sabias y de quienes no se puede decir que sean libertinas o inmorales. Lamentablemente, una amplia mayoría de mujeres evangélicas ha sido sutilmente influenciada por el mundo de tal modo que ni siquiera se dan cuenta. La forma de pensar del mundo se ha infiltrado en la iglesia y ha invadido el estilo de vida de sus miembros. Aunque puede que no seamos físicamente adúlteras o promiscuas, la mayoría de nosotras, sin querer, ha adoptado algunas de las características que, a la postre, podrían llevar a la ruina y perdición de los hombres que nos rodean. Cuando vemos las características de la mujer necia de Proverbios 7, aunque no seamos mujeres libertinas e inmorales, debemos preguntarle al Señor: "¿Me describen a mí algunas de las características de esta mujer?".

CARACTERÍSTICAS DE LA MUJER NECIA

La primera característica dada en el versículo 5 es que "ablanda sus palabras". A lo largo de todas las Escrituras, vemos el poder de la lengua. Nuestra lengua tiene el poder de destruir nuestra casa y las casas de los demás. La muerte y la vida están en poder de la lengua; la habilidad de destruir y de sanar. La mujer libertina usa su lengua —sus palabras— para seducir y avasallar a los hombres. El escritor vuelve a tocar el tema en el versículo 21: "Lo rindió con la suavidad de sus muchas palabras, le obligó con la zalamería de sus labios". Puede que te preguntes: "¿Cómo puede una mujer pequeña, menuda, obligar a un hombre a sucumbir ante ella?". Ella lo hace con el uso de su lengua.

"Porque mirando yo por la ventana de mi casa,
Por mi celosía,
Vi entre los simples,
Consideré entre los jóvenes,
A un joven falto de entendimiento" (vv. 6-7).

El autor ahora comienza a hacer una descripción detallada de cómo hace exactamente esta mujer libertina y necia para devorar a un hombre simple y necio que carece de sabiduría y entendimiento. Este joven carece de buen juicio y es negligente; es inestable moralmente, y la mujer necia se va a aprovechar de él. (Desde luego, el hombre también es responsable de lo que ocurre en este pasaje, como en cualquier relación inmoral; pero nuestro objetivo en este momento es centrarnos en nuestra responsabilidad como mujeres).

"El cual pasaba por la calle, junto a la esquina,
E iba camino a la casa de ella,
A la tarde del día, cuando ya oscurecía,
En la oscuridad y tinieblas de la noche" (vv. 8-9).

Tanto el hombre como la mujer necia toman decisiones conscientes que los colocan en el lugar equivocado en el momento equivocado. Este pasaje ilustra la importancia de mantenerse alejados de los lugares y situaciones donde el instinto natural sería hacer algo equivocado. Este es un principio valioso para cada creyente; un principio que deberíamos enseñar a nuestros jóvenes para su protección espiritual y moral.

Tres veces se hace referencia a que esta reunión tiene lugar de noche. Los dos terminan juntos y solos de noche. En vez de evitar una potencial transgresión, este hombre necio se dirige a la casa de una mujer con la que incurrirá en una relación inmoral. Ambos se atraen uno al otro como imanes, y se colocan en una situación (tiempo y lugar) donde son más vulnerables a la tentación y al pecado.

Es por ello que es muy importante vigilar nuestros pasos y nuestras decisiones en las "pequeñas cosas". Los lugares que frecuentamos, los libros y revistas que leemos, la música que escuchamos, los programas de entretenimiento que miramos; estas cosas o incitan nuestra carne (nuestros instintos naturales) o sustentan nuestro espíritu. Para cuando una relación inmoral se ha desarrollado completamente, puede que una mujer tenga emociones que siente que no puede controlar: "Yo sé que no debería haberme relacionado con este hombre, pero no puedo evitar sentirme así". Es muy probable que esos sentimientos hayan sido estimulados por decisiones necias que usó para justificarse a sí misma y con los demás. La mujer necia se coloca en lugares, situaciones y relaciones donde existe el potencial de una transgresión.

> *"Cuando he aquí, una mujer le sale al encuentro,*
> *Con atavío de ramera y astuta de corazón"* (v. 10).

Fíjate que esta mujer en realidad no es una prostituta, aunque exhibe muchas de las mismas características. El versículo 14 sugiere que ella es una "mujer cristiana". Es una mujer religiosa; que trata de espiritualizar su sensualidad e inmoralidad al hablar de sacrificios y votos. Además es una mujer casada (aunque cualquier mujer casada o soltera podría coincidir con dicha descripción). Ella no está satisfecha con el cónyuge que Dios le dio, y tiene expectativas y anhelos que su esposo no satisface (ver v. 19). En vez de buscar que Dios satisfaga las necesidades y anhelos más profundos de su corazón, se centra en lo que no tiene y busca que otros satisfagan sus necesidades. En vez de prodigar amor, atención y devoción a su esposo, dedica su corazón, energía y esfuerzos a otro hombre.

La mujer de Proverbios 7 no es ficticia. Es una mujer que vive hoy. La podemos encontrar en estas cartas que me enviaron algunas mujeres cristianas (se han cambiado algunos detalles):

> "Hace mucho tiempo que no amo a mi esposo, y soy infeliz. Tuve una aventura amorosa hace tres años y la terminé para seguir con mi esposo por el bien de nuestro hijo de tres años. Hace seis meses regresé con el mismo hombre y me enamoré de él. Yo sé que esto está mal. Él también es casado, pero no puedo imaginar la vida sin él".

¿Puedes ver la necedad aquí? Esta mujer es casada, pero en vez de invertir sus esfuerzos en la relación con su esposo, ha colocado su corazón en otro lugar y en consecuencia se ha enamorado de otro hombre. La siguiente es otra historia:

> "He estado luchando con una adicción a la Internet, hasta el punto de estar en mi computadora hasta quince horas al día. Era la manera de escapar de mi matrimonio vacío y solitario. En el último par de meses, he restringido mi uso de Internet. Me di cuenta de que estaba descuidando a nuestros seis hijos y decidí hacer algunos cambios. No obstante, conocí a un hombre maravilloso en una sala de chat. Ya nos hemos encontrado personalmente varias veces, y estoy considerando la posibilidad de dejar a mi esposo por este hombre".

Y otra:

> "Mi pastor y yo tenemos una relación muy cercana. Ayer, él reconoció en una sesión de consejería que siente una fuerte atracción por mí, pero que nunca actuaría según sus deseos porque sabe que eso podría herir. Pero yo también siento una fuerte atracción por él. Ayúdame, Señor, a dejarlo y dame sabiduría para poner límites. Yo le corto el cabello y le doy masajes una vez al mes".

Hace veinte años esto hubiera parecido algo extremo, pero no es así en la actualidad. Día a día, semana tras semana, al recorrer las iglesias, encuentro muchas vidas y familias destruidas. Y al ver semejante destrucción, sé que solo hay esperanza en la gracia y el poder de Dios. En su misericordia, Dios rescató y restauró a la mujer implicada en esta última situación; pero debemos enseñarles a las mujeres los caminos de Dios de entrada, antes que caigan en trampas similares (o provoquen la caída de otros). Cada una de estas mujeres desvió la atención y el amor que deben a su esposo para colocarlo en otro hombre, con consecuencias desastrosas.

El versículo 10 cuenta que esta mujer se viste "de ramera" (la manifestación externa) y es "astuta de corazón" (la actitud interna que produce la manifestación externa). Nuestro aspecto, vestimenta, decisiones y conducta refleja lo que hay en nuestro corazón. El corazón invariablemente afecta el aspecto externo. Es por ello que, en el mismo versículo, se habla de la necedad de la vestimenta y el corazón de la mujer.

"Con atavío de ramera...". Aunque esta mujer no es una prostituta, se viste como si lo fuera. La ropa sugestiva, seductora es una de las trampas que usa para seducir al hombre. La ropa indecente es señal de una mujer necia; la ropa discreta es señal de una mujer sabia y piadosa. Hoy día, pocas mujeres, incluso entre las mujeres cristianas, parecen entender el significado o la importancia del recato. En cambio, han adoptado los prototipos y estilos del mundo. Al observar algunas reuniones de creyentes me pregunto: *¿No se dan cuenta estas mujeres de lo que les están transmitiendo a los hombres con su manera de vestir?* ¿Dónde están las madres y las mujeres maduras que se suponen que deben ser ejemplo y enseñar el significado del recato? Una apariencia externamente discreta refleja un corazón recatado y sabio. La ropa indecente sugiere un corazón necio e inmoral.

"Astuta de corazón". La mujer necia tiene malicia en su corazón. Esto habla de tener intenciones solapadas. Ella tiene intenciones solapadas y motivaciones ocultas. Se ha propuesto embaucar a este joven.

> *"Alborotadora y rencillosa,*
> *Sus pies no pueden estar en casa;*
> *Unas veces está en la calle, otras veces en las plazas,*
> *Acechando por todas las esquinas"* (vv. 11-12).

La mujer necia es "alborotadora" o "tumultuosa" de espíritu. Proverbios 9:13 también la describe como "alborotadora" (escandalosa, NVI). Ella no se controla ni ejerce dominio propio. Es tempestuosa y exigente. Su comportamiento contrasta con el espíritu afable y apacible que es de grande estima delante de Dios. Ella no solo es alborotadora, sino que es "rencillosa" o "terca". Es testaruda y osa oponerse a las leyes de Dios y a los códigos morales.

"Sus pies no pueden estar en casa". Es callejera. A diferencia de la mujer sabia, a la mujer necia no le gusta quedarse en la casa. No está contenta con el lugar donde la colocó Dios. Una de las cosas que ha hecho con éxito el movimiento feminista es provocar entre las mujeres el descontento por ser amas de casa y convencerlas de que otra ocupación podría incrementar su sentido de autoestima.

Mis padres se casaron cuando mi madre tenía diecinueve años, y mi padre alrededor de treinta. Ellos habían decidido no tener hijos durante los primeros cinco años de matrimonio; sin embargo, los primeros cinco años tuvieron seis hijos. Mi madre adoraba a mi padre, igual que él a ella, y a ella le encantaba atenderlo a él y atender a nuestra familia. Ella comentó que no sabía que supuestamente era infeliz hasta que otras personas le dijeron que ella no tenía por qué lidiar con todas las demandas de su concurrido grupo familiar.

La incitación al descontento y la presión que se ejerció sobre las mujeres para que salieran de su hogar en búsqueda de una mayor significación y satisfacción, ha dado como resultado unos niveles de estrés tan exacerbados para muchas de éstas que ya no pueden sobrevivir sin píldoras ni terapeutas. La mujer cuya vida no se centra en su hogar y en el bienestar de su familia, y que pasa rápidamente de un lugar y una actividad a la otra, es más vulnerable a terminar involucrándose en una relación inmoral y acabar seduciendo a los hombres que también son vulnerables. La protección espiritual, moral y emocional más grande que una mujer pueda experimentar alguna vez, se encuentra al contentarse con la esfera de influencia que Dios ha destinado para su vida. Esto no significa que nunca pueda dejar su hogar, sino antes bien que su corazón está arraigado a su hogar y que coloca las necesidades de su familia por encima de todos los otros intereses y ocupaciones.

"Se asió de él, y le besó.
Con semblante descarado le dijo..." (v. 13).

Esta es una situación demasiado conocida en nuestra cultura, donde las mujeres han sido entrenadas para ser las avasalladoras en la relación con los hombres. Pocas mujeres, hoy día, tienen idea de por qué está mal ser la iniciadora. ¿Por qué no es bueno que las muchachas llamen a los varones? ¿Por qué no es bueno que las muchachas inviten a salir a los varones? Nunca les han enseñado la belleza del orden creado por Dios. Incluso nuestra composición fisiológica nos enseña que Dios creó al hombre para ser el iniciador y a la mujer para ser la que responda. La manera de Satanás de hacer las cosas es al revés del plan de Dios. Nosotras tenemos la responsabilidad de enseñar a nuestros jóvenes y a nuestras jóvenes el orden de Dios para estas cosas.

La mujer necia en este pasaje se acerca a su presa con un saludo efusivo. Se abalanza sobre este hombre de manera física y verbal. De modo que evidencia la falta de prudencia y compostura tan común hoy entre el hombre y la mujer. Incluso en la iglesia no es atípico ver que las mujeres abracen con toda tranquilidad y descuido a los hombres. Puede que este tipo de comportamiento no tenga intenciones inmorales, pero es necio. En el mejor de los casos, tira abajo la compostura adecuada que debería existir entre los hombres y las mujeres, y puede conducir a serios pecados contra Dios.

"Sacrificios de paz había prometido,
Hoy he pagado mis votos" (v. 14).

La mujer necia encubre su conducta osada y coquetona con conversaciones espirituales. Su actividad religiosa es realmente una maniobra para encubrir la inmoralidad de su corazón. Puede que esté tratando de compensar su culpa con lo que hace en la iglesia. Hoy día, muchas mujeres en nuestra iglesia son activas en el ministerio y el estudio bíblico, y van de conferencia en conferencia. Puede que otras personas piensen que son espirituales y sinceras, pero están encubriendo un corazón necio y un comportamiento impuro.

Proverbios habla de un hombre que "casi en todo mal [ha] estado, en medio de la sociedad y de la congregación" (Pr. 5:14). Incluso en medio de relaciones y actividades de la iglesia, podemos caer en un grave pecado, y podemos conducir a otros a caer en grave pecado.

> *"Por tanto, he salido a encontrarte,*
> *Buscando diligentemente tu rostro, y te he hallado"* (v. 15).

Ella edifica el ego de su joven hombre necio; satisface su necesidad de admiración y hace que él se sienta necesitado y valorado. ¿La necesidad de admiración de quién debería ella satisfacer? ¡La de su esposo! Cuando ella vierte admiración sobre otro hombre, está incitando sentimientos de descontento hacia su propio esposo y agrava la sensación de estar viviendo en un matrimonio frío y vacío.

> *"He adornado mi cama con colchas*
> *Recamadas con cordoncillo de Egipto;*
> *He perfumado mi cámara*
> *Con mirra, áloes y canela"* (vv. 16-17).

Esta mujer está obsesionada por los valores físicos y temporales, más que por los perdurables. Ella atrae a este joven hacia una relación inapropiada mediante la descripción de la naturaleza sensual de su alcoba. Desde luego, no habría nada de malo si creara una atmósfera romántica en su alcoba para satisfacer a su esposo. Pero, obviamente, está mal que haga eso para un hombre que no es su esposo.

La mujer necia es imprudente; habla con total soltura de asuntos íntimos que debería reservarse para hablar con su esposo. Uno de los aspectos desconcertantes de varios escándalos sexuales altamente difundidos en los últimos años, es la conversación franca y liberal acerca de asuntos privados que se han escuchado en los medios de comunicación. El lenguaje sexual explícito que una vez era considerado inapropiado fuera de la alcoba, ahora se ha vuelto parte del vocabulario cotidiano. Conductores de programas de entrevistas, animadores y periodistas parecen enorgullecerse de explotar y exponer temas explícitos. Cuanto más íntimo sea el tema, más audiencia atrae. Tenemos que enseñar a las muchachas jóvenes que hay cosas de las que no se hablan delante del sexo opuesto. De hecho, hay temas personales entre marido y mujer que no deberían discutirse ni siquiera con otras mujeres.

> "Ven, embriaguémonos de amores hasta la mañana;
> Alegrémonos en amores" (v. 18).

La mujer necia no entiende la naturaleza del verdadero amor. El verdadero amor es dar, no recibir. Alguien dijo: "El amor siempre puede esperar para dar, pero la lujuria nunca puede esperar para recibir". Ella está interesada en recibir, más que en dar. Busca una gratificación inmediata, a pesar del hecho de que los deleites de este fruto prohibido durarán solo "hasta la mañana". Ella no piensa en las consecuencias a largo plazo de sus decisiones y, como resultado cae en la trampa del error moral y hace caer a otros. Está dispuesta a sacrificar su propio matrimonio e integridad, así como el bienestar y futuro de otros, a fin de saborear brevemente el fruto del "amor" ilícito.

¿Has sacrificado de algún modo un beneficio a largo plazo en el altar de la autosatisfacción? Puede que no te identifiques con tirar por la borda tu matrimonio por una noche de placer con otro hombre. Pero tal vez, puedas identificarte con vociferar palabras ásperas y crueles, que te conceden cierto alivio temporal, pero apabulla el espíritu de tu cónyuge y tu hijo. Tal vez sepas qué es sucumbir ante el antojo de algún manjar por el momento de placer que éste trae. Tal vez te has permitido tener resentimiento, al deleitarte con el solo pensamiento de herir a aquel que te ha herido tan profundamente. ¿Has considerado seriamente las consecuencias a largo plazo de tus decisiones necias? ¿Has calculado el costo en cuanto a tu relación con Dios y con los demás?

"Porque el marido no está en casa;
Se ha ido a un largo viaje.
La bolsa de dinero llevó en su mano;
El día señalado volverá a su casa" (vv. 19-20).

Su esposo está fuera de la ciudad en un viaje de negocios, y ella piensa que nadie se va a enterar de su pequeño pecado secreto. Pero se olvida de que hay Uno que lo sabe todo: *El Roi*, "el Dios que ve". Ella se olvida de que "los ojos de Jehová están en todo lugar, mirando a los malos y a los buenos" (Pr. 15:3).

¿Qué "pequeños pecados secretos" estamos permitiendo en nuestra vida, en nuestros pensamientos, en nuestros momentos privados? ¿De qué modo necesitamos cultivar el temor del Señor: ese sentido constante y consciente de que estamos siempre bajo la mirada vigilante de Dios, tanto si estamos solas o acompañadas?

Esta mujer, al parecer, está buscando satisfacer las "necesidades" que no son satisfechas en su hogar. Al centrarse en sus propias necesidades (en realidad, en sus deseos), se coloca en una posición donde está menos motivada y en menores condiciones de satisfacer las necesidades de aquel a quien Dios puso en su vida como esposo. Ella fue creada para ser la ayuda idónea de su esposo, pero no puede satisfacer las necesidades de él si está centrada en sus propias necesidades.

Por el contrario, Proverbios 31 dice de la mujer virtuosa y sabia: "El corazón de su marido está en ella confiado, y no carecerá de ganancias. Le da ella bien y no mal todos los días de su vida" (vv. 11-12). Ella tiene un compromiso permanente, incondicional de ser leal a su esposo y actuar para bien de él.

En la cultura de hoy, muchas mujeres están casadas con hombres que están lejos del hogar; si no es literal y físicamente, entonces es emocional, relacional, espiritual o en términos de su tiempo y dedicación. La gran prueba de fidelidad para una mujer casada es dónde está su corazón cuando su esposo está "lejos". ¿Por donde vaga la mente de la mujer? ¿Por donde deambulan sus pensamientos? ¿Es ella digna de confianza? ¿Es fiel a Dios y a su llamado al matrimonio aunque él no sea el hombre que debería ser?

> *"Lo rindió con la suavidad de sus muchas palabras,*
> *le obligó con la zalamería de sus labios"* (v. 21).

Nuevamente, se nos recuerda el poder de las palabras: el diálogo halagador, coquetón, atrevido, seductor. Ella usa sus palabras para ejercer control, y hace que él se rinda, como Dalila que usó sus palabras para dominar a Sansón. La mujer necia se diferencia de la mujer sabia que "abre su boca con sabiduría, y la ley de clemencia está en su lengua" (Pr. 31:26). La mujer sabia y virtuosa usa su lengua para decir palabras que lleven sanidad, esperanza, gracia y ayuda.

EL FRUTO DE LA MUJER NECIA

Al llegar al final de Proverbios 7, vemos la enorme influencia de la mujer necia en los demás, particularmente en los hombres:

> *"Porque a muchos ha hecho caer heridos,*
> *y aun los más fuertes han sido muertos por ella"* (v. 26).

Las feministas han representado a las mujeres como víctimas oprimidas. No hay duda de que es cierto en algunos lugares y culturas. Sin embargo, situaciones así, no importa cuán serias sean, de ningún modo nos autorizan a ser las instigadoras. Ningún error por parte de los hombres puede eximirnos de la responsabilidad por nuestra conducta y nuestra influencia sobre los hombres, así como sobre toda nuestra cultura y la próxima generación.

La mujer necia hace caer heridos a *muchos* hombres. Podría hacerlo por medio de la seducción sexual, como hace la mujer de Proverbios 7 o, más sutilmente, por medio del desánimo, el orgullo espiritual o la intimidación. Me he dado cuenta de que cuando estoy en una reunión con hombres, en un instante puedo cambiar el clima del lugar por medio de mi espíritu. Sin siquiera decir una palabra puedo desanimar o intimidar a los hombres que me rodean.

Lamentablemente, algunas de las mujeres más espirituales y conocedoras de la Biblia en la iglesia son también las más intimidantes. Nuestra generación ha sido bendecida con muchas oportunidades de estudios bíblicos para mujeres, pero si nuestro conocimiento nos hace mujeres incapaces de aprender o de difícil convivencia, entonces somos necias. De hecho, he escuchado a hombres decir: "No puedo gobernar a mi esposa ni a las mujeres de mi iglesia. Ellas saben demasiado". Algunos de estos hombres sienten como si necesitaran un título superior en teología para ser los líderes espirituales que su esposa afirma querer. En muchos casos, creo que es porque nuestro espíritu no ha sido enseñable y humilde. Como resultado, terminamos por castrar a los hombres que nos rodean.

Nuestra manera políticamente correcta de menoscabar a los hombres es atacarlos verbalmente por medio de "bromas sobre hombres" o comentarios cortantes acerca de los hombres. Desde luego, es igualmente inapropiado que los hombres ataquen verbalmente a las mujeres; pero la mujer es "gloria del varón" (1 Co. 11:7). Cuando decimos palabras tajantes que hieren y rebajan —aunque sean en broma— estamos menospreciando a aquellos que deberíamos exaltar.

"A muchos ha hecho caer heridos, y aun los más fuertes han sido muertos por ella". Fíjate que los hombres que han sido muertos por la mujer necia, comenzaron como hombres fuertes. Cuando era joven, el Señor usó este pasaje para imprimir en mi corazón que si yo no caminaba como una mujer sabia, podría ser el instrumento de destrucción de *cualquier* hombre, sin importar cuán fuerte pudiera ser. Aquella impresión fue aleccionadora. Una mujer necia puede hacer caer —controlar, herir y destruir— incluso a hombres maduros espirituales.

Al leer este pasaje, me pregunto a cuántos hombres heridos o fuertes he hecho caer; tal vez no moralmente, sino espiritualmente. ¿A cuántos hombres he desanimado o intimidado? Dios nos ha llamado a animar, alzar las manos y orar por los hombres que Dios ha colocado en nuestra vida. Sí, ellos tienen debilidades, como nosotras; pero tenemos que animarles y orar y confiar que Dios hará de ellos hombres poderosos para su reino. Este es nuestro santo y supremo llamamiento.

> *"Camino al Seol es su casa,*
> *Que conduce a las cámaras de la muerte"* (v. 27).

Las consecuencias de no ser mujeres sabias son mortales. Cuando somos tentadas por el placer inmediato de hablar sin inhibiciones, dejar que nuestras emociones y nuestra lengua se desenfrenen o actuar con imprudencia y descontrol, necesitamos considerar las consecuencias a largo plazo de nuestras decisiones.

Hace algún tiempo, recibí un email de una mujer que me había escuchado enseñar sobre la mujer necia de Proverbios 7. En este caso, el hombre que ella había destruido era su propio esposo, que ahora la había dejado por otra mujer. Ella misma admitió que su corazón nunca había estado en su hogar. Ella había amado su trabajo más que su familia y no había cumplido con las responsabilidades que Dios le había otorgado como esposa y madre. Ahora, estaba viviendo con las consecuencias letales de su necedad.

> Yo soy la epítome de la mujer necia que usted describió. Una y otra vez, desde mis primeros años de niñez, he sido como esta mujer necia y adúltera. Ahora veo las consecuencias trágicas que han perjudicado a mi esposo y nuestro matrimonio. Además he plantado estas semillas maliciosas en nuestra preciosa hija.
>
> He castrado a mi esposo con mi forma de ser y mis palabras intimidantes. Y él está terriblemente herido por mi causa.

> Lo he rebajado hasta llevarlo al mismo infierno con mi forma de ser deliberadamente impía. Hoy fue a la iglesia acompañado de la esposa de otro hombre. ¿Cómo pude haber arrastrado a un hombre tan maravilloso a hacer algo horrendo ante Dios?
>
> Dios, ayúdame. Me doy cuenta de que he estado muy equivocada. Confío en que su Palabra me sane, me limpie y restaure mi perverso corazón.

Dios ha llevado a esta mujer y a su esposo al arrepentimiento y a la restauración de su matrimonio. Qué gozo es ver a esta mujer, una vez necia, transformada en una sabia mujer de Dios. Mi oración es que Dios me haga una mujer sabia que edifique su casa para su gloria.

> Padre, gracias por darnos tu Palabra para que nos enseñe la manera de vivir como mujeres sabias en esta época impía. Confesamos que muchas veces hemos sido mujeres necias. Por favor, escudriña nuestro corazón y muéstranos cualquier necedad que encuentres, para que podamos arrepentirnos y acudir a Cristo que es nuestra sabiduría y nuestra justicia. Líbranos, Dios, de la necedad. Y levanta en nuestros días una raza de mujeres santas; mujeres que confíen en ti; mujeres sabias que edifiquen su hogar. Nos rendimos nuevamente a ti. Que nuestra vida te glorifique y cumpla tus propósitos en esta tierra. En el nombre de Jesús. Amén.

PREGUNTAS PARA REFLEXIONAR: CÓMO LLEGAR A SER MUJERES DE VIRTUD

Las preguntas siguientes (algunas para mujeres casadas, otras para mujeres casadas y solteras) han sido diseñadas para ayudarnos a reconocer si estamos siendo mujeres necias, y animarnos a considerar maneras prácticas de que podamos convertirnos en mujeres de virtud.

1) ¿Estoy edificando mi "casa" —hogar, lugar de trabajo, iglesia— o la estoy derribando?
2) ¿Me estoy dedicando a mi matrimonio? ¿Estoy cultivando el amor en mi matrimonio?
3) ¿Expreso una frecuente admiración y gratitud por mi esposo?
4) ¿Estoy reservando lo mejor de mi energía física y emocional para mi familia?
5) ¿Estoy creando un clima (mediante palabras, acciones y actitudes) que hagan que mi esposo quiera estar en casa?

6) ¿Estoy contenta de estar "en casa"? ¿Encuentro satisfacción en el respeto y atención a mi esposo y mi familia?
7) ¿Reservo la comunicación íntima de miradas, palabras y toqueteos para mi esposo? ¿Estoy entregando mis emociones, atención o amor a otro hombre que no sea mi esposo?
8) ¿Estoy satisfaciendo las necesidades sexuales de mi esposo?
9) ¿Soy digna de confianza? ¿Le estoy ocultando a mi esposo alguno de mis comportamientos o relaciones? ¿Soy completamente sincera con mi esposo?
10) ¿Tiene mi esposo la libertad de ser totalmente sincero conmigo?
11) ¿Incorporo a mi vida pensamientos y deseos sensuales mediante libros, revistas, programas de televisión, música o películas que no son moralmente puras?
12) ¿Me he convertido en el "refugio" de un hombre que tiene problemas en su propio matrimonio?
13) ¿Estoy mirando a un hombre que no sea mi esposo (pastor, consejero, colega) como una fuente principal de consejo o como una manera de llenar un vacío emocional en mi vida?
14) ¿Tengo una relación más íntima —física, emocional o espiritual— con otro hombre que con mi esposo?
15) ¿Tiende mi comportamiento a ser "escandaloso y provocativo" o me comunico mediante un espíritu afable, apacible y sumiso?
16) ¿Soy un "muro" o una "puerta" (Cnt. 8:9)? ¿Soy una mujer "libertina"? ¿Suelo comunicarles a los hombres que me rodean que estoy "disponible"? ¿Les invita mi comportamiento a "participar" de las partes íntimas de mi cuerpo, alma y espíritu? ¿Incurro en charlas, miradas o conducta coquetona?
17) ¿Hay algo con respecto a mi manera de hablar, de actuar y de vestir o de mis actitudes que podrían desilusionar a los hombres que me rodean?
18) ¿Soy prudente y mesurada en la manera de hablar con los hombres en el trabajo? ¿Es mi manera de hablar a veces libertina, obscena o impropia para una mujer de Dios? ¿Estoy expresando admiración por un hombre cuando es algo que le correspondería hacer a su esposa?
19) ¿Procuro con mi manera de vestir que los pensamientos de los hombres se mantengan puros y centrados en Cristo? ¿Es femenina y discreta mi manera de vestir?
20) ¿Mantengo un "equilibrio" adecuado en mi relación con los hombres? ¿Cuál es ese equilibrio?
21) ¿Estoy en este momento implicada en una situación que es (o podría llegar a ser) comprometedora? ¿Estoy implicada en una situación que podría parecer comprometedora para los demás?

22) ¿Podrían decir de mí, mi esposo y otros hombres y mujeres que me conocen que soy una mujer de virtud y pureza moral?
23) ¿Me he propuesto en mi corazón ser pura moralmente? ¿Soy responsable ante mi esposo y otras mujeres piadosas por mi manera de vivir con Dios y con los demás?

PODADA PARA FLORECER

P. Bunny Wilson

HABÍA UNA VEZ un antiguo pámpano que hacía mucho tiempo crecía en la viña. Un día, plantaron un nuevo pámpano en la siguiente hilera. El pámpano nuevo creció, reprodujo nuevos pámpanos y dio fruto.

Un caluroso día de verano, el joven pámpano se armó de valor, subió la vista y miró al viejo pámpano. "Debe ser grandioso que la gente recorra varios kilómetros solo para saborear la dulzura de tu fruto", le dijo con su voz chillona.

El viejo pámpano asintió con la cabeza.

Alentado, el joven pámpano siguió hablando.

—He estado hablando con los otros pámpanos de la viña, y ellos dicen que tu fruto es el más dulce.

El viejo pámpano sonrió.

—¡Cuando yo crezca, quiero ser como tú! ¿Cómo puedo hacer para tener un fruto tan dulce como el tuyo? Haré todo lo que digas.

Cuando el viejo pámpano bajó la vista para mirar al joven pámpano, recordó el día cuando era joven y le hizo la misma pregunta a un viejo pámpano. Con su voz de barítono, le dio al joven pámpano la misma respuesta que había recibido hacía años: "Prepárate".

El joven pámpano se quedó pensando frustrado: *¿Prepárate? ¿Le dije que haría cualquier cosa para dar un fruto dulce, y todo lo que me dice es "Prepárate"?* Entonces, se dirigió a otro pámpano y comenzó a hablar de otras cosas que para él tenían sentido.

Cada día, había un charloteo constante en la viña mientras los pámpanos se contaban los últimos chismes y se pasaban horas comparando la dulzura de sus frutos. El joven pámpano sabía que no había otro lugar mejor para vivir.

Una fría mañana de otoño, el joven pámpano se despertó por el sonido del antiguo portón marrón, desgastado por el tiempo, que se abría. Al mirar al final de la hilera, vio que entraba el labrador. Normalmente, cuando aparecía el labrador, las vides aplaudían al unísono y con alegría. Pero algo inusual estaba ocurriendo aquel día. Una silencio se extendió por toda la viña. El joven pámpano le echó una mirada al viejo pámpano, que no parecía estar perturbado; por lo que el joven pámpano volvió a dirigir su atención al final de la hilera.

El labrador se detuvo en el primer pámpano de la hilera; el joven pámpano estaba seguro de que había ido para felicitar a su amigo por su excelente crecimiento. Pero al prestar atención, vio que el labrador flexionaba una rodilla, metía su mano en el bolsillo trasero, sacaba lo que parecía una tijera afilada y la acercaba hacia su amigo.

Instintivamente, el pámpano del final de la hilera retiró sus hojas hacia atrás, y el joven pámpano escuchó que éste rogaba: "No, no, ¿por qué me haces esto? ¿No he sido dulce? ¿No honré la viña? ¡Por favor, por favor, no me hagas esto!".

Antes que el joven pámpano pudiera parpadear, su amigo yacía en el suelo, excepto por el brote central. Entonces el joven pámpano se dirigió al viejo pámpano.

—¿Qué pasa? ¿Por qué el labrador está haciendo eso? —le preguntó en un tono de voz bajo y temeroso.

El viejo pámpano no respondió.

El joven pámpano se esforzaba por entender.

—¡Ah, ya sé! Nosotros pensábamos que al labrador le gustaba ese pámpano, pero en realidad no le gustaba —dijo después repentinamente.

—No, no es cierto. De hecho, lo que acaba de hacer el labrador demuestra que ama a ese pámpano —respondió el viejo pámpano.

—¡Ah! A ver. Déjame pensar. Nosotros creíamos que el fruto de ese pámpano era dulce, pero en realidad no era dulce —dijo el pámpano joven.

—El fruto de ese pámpano sí era dulce —respondió el viejo pámpano.

—Está bien; entonces, ya sé cual es la causa real. Ese pámpano hizo algo malo, y el labrador tuvo que castigarlo; solo que no nos dice por qué —dijo el joven pámpano.

—El labrador no está castigando a ese pámpano —respondió el viejo pámpano—. Escucha atentamente, tu amigo no está siendo podado por hacer lo malo, sino por hacer lo bueno. No porque su fruto no sea dulce, sino porque el labrador quiere que sea aun más dulce.

—¡Pero eso no es justo! —protestó el joven pámpano—. Míralo. Solo queda de él el brote central. Ahora todas las personas que vengan a probar la dulzura de su fruto se reirán de él y lo criticarán.

—Solo los ajenos a la viña, que no entienden, se reirán del pámpano y lo criticarán —respondió el viejo pámpano.

—¿Solo los ajenos a la viña que no entienden? —exclamó el joven pámpano—. ¡Ese pámpano no entendía! ¿No escuchaste cuando le preguntó al labrador por qué le estaba haciendo eso?

El viejo pámpano se quedó en silencio por un largo rato y después respondió despacio:

—Lamentablemente, lo que tú dices es cierto. Una cosa es cuando las personas ajenas a la viña no entienden; pero cuando aquellos que pertenecen a la viña (especialmente los que están siendo podados) no entienden, eso causa mucha confusión, desilusión y dolor. Los pámpanos del final de la hilera tendrán que escuchar a tu amigo murmurar y quejarse hasta que florezca otra vez.

—Bueno, tú no tienes de qué preocuparte. ¡A ti no te podarán, puesto que tienes el fruto más dulce de la viña! —proclamó el joven pámpano.

—Yo quiero que me poden —dijo el viejo pámpano.

—¿Quieres que te poden? Eso debe doler, y además te verías ridículo —respondió el joven pámpano.

—Debo admitir que es bastante molesto —respondió tratando de contener la risa—. Verás, mi querido amigo, yo sé que me veo bien para ti, pero tengo un hongo que me está creciendo en la parte interna que nadie puede ver. Si sigue allí, terminará por disminuir la calidad y cantidad de mi fruto. Así que cuando el labrador viene a podarme, yo no retiro mis hojas hacia atrás. Me mantengo erguido para hacer su trabajo más fácil.

—No entiendo —dijo temblando el joven pámpano.

—¿Viste ese pámpano que el labrador acaba de arrancar y arrojar al otro lado de la cerca? —le preguntó el viejo pámpano con compasión—. No pertenecía a esta viña, por ello lo van a quemar.

—¡Caramba! —exclamó el joven pámpano.

—Cuando el labrador venga a podarte —dijo el viejo pámpano— recuerda que él solo poda los pámpanos que pertenecen a su viña, por lo cual es un honor. Él no te poda por hacer lo malo, sino por hacer lo bueno. No es porque no seas dulce, sino porque quiere que seas más dulce. Y recuerda siempre, mi joven amigo, justamente el hecho de ser podado, indica que volverás a florecer.

Justo en ese momento, el labrador se paró frente al viejo pámpano. El joven pámpano vio que el viejo pámpano se mantenía erguido en el aire. Entonces escuchó un tijeretazo, y el viejo pámpano terminó en el piso excepto por el brote principal. Después, el labrador se acercó al joven pámpano. Le temblaban las hojas, se le caían las lágrimas; pero reunió toda su fuerza y se mantuvo erguido en el aire. Miró al labrador a los ojos, y le dijo:

—Gentil y amable labrador, estoy preparado.

EL FRUTO

La poda es una de las tareas más importantes en el cultivo de una viña. Cada año, se poda hasta el 90% de la vid. Un labrador sabio sabe que la poda incide positivamente en la cantidad y calidad de sus frutos.

Los pámpanos sufren el ataque constante de enfermedades, muchas de las cuales se mantienen controladas con pesticidas e insecticidas. Pero la vid debe podarse, porque hay un hongo mortal que se adhiere al pámpano, y su única cura es cortarlo. Cada vez que la vid se poda, el fruto que crece es más dulce.

Las Escrituras usan a menudo ejemplos terrenales para explicar principios espirituales. Jesús dijo: "Yo soy la vid verdadera, y mi Padre es el labrador. Todo pámpano que en mí no lleva fruto, lo quitará; y todo aquel que lleva fruto, lo limpiará, para que lleve más fruto" (Jn 15:1-2).

El fruto del que Jesús estaba hablando tiene que ver con nuestra disposición, actitud y temperamento cristiano. La manera de responder en la poda revela nuestro verdadero nivel de madurez espiritual.

¿Eres más dulce desde que le diste tu corazón a Jesús? ¿Haces el sincero intento de hacer lo bueno? Espero que las respuestas a estas preguntas sean afirmativas. No obstante, pese a todos tus esfuerzos y tu crecimiento, ¿has alcanzado la perfección? ¿Eres como Dios quiere que seas? La respuesta a esta pregunta es no. El hecho de no haber alcanzado la perfección indica que serás podada, y con regularidad. Igual que el viejo pámpano de la vid, tenemos que llegar a entregarnos voluntariamente a la poda, aunque sea molesto. Como le dijo el viejo pámpano al joven, recuerda: "¡Estás siendo podada para florecer".

Uno de los retos más grandes en el proceso de la poda, es tratar con la condenación que otros podrían hacernos sentir con sus sugerencias de que algo debe estar mal en nuestra vida por no estar en plena floración todo el tiempo. Siempre están aquellos que son rápidos para decirnos qué estamos haciendo mal y por qué Dios nos está castigando. Tal vez no oremos lo suficiente, no ayunemos lo suficiente o no tengamos suficiente fe. O, tal vez, Dios esté cobrando venganza por una de nuestras fallas. Así que, además de soportar que nos corten hasta que solo nos quede nuestro brote central, a veces debemos soportar la incomprensión de amigos bien intencionados. Esa parte del proceso de la poda puede ser el más doloroso.

ESTACIONES PARA LA PODA Y LA FLORACIÓN

Por lo general, podemos encontrarnos en tres situaciones: nos acaban de podar, estamos volviendo a crecer después de la poda o estamos en plena floración. Tal vez todo va bien en tu vida. Disfrútalo, pero recuerda que el hecho de que aún no seas perfecta indica que te volverán a podar. Saber esto te mantendrá humilde durante la estación de floración.

O tal vez, estés creciendo después de una poda. Tu crecimiento se perjudicará si pasas el tiempo pensando en tu última poda con pena y no con gratitud. Puede ser tentador vivir con resentimiento y amargura por un suceso desagradable que fue parte de tu poda. Permíteme aconsejarte que lo dejes atrás y te goces en la fortaleza obtenida para seguir hasta el próximo nivel.

O tal vez, acabas de ser podada; y solo te quedó tu brote central. Te ves rara y estás dolorida. Ten paciencia, y el dolor pasará. Regocíjate en que te han quitado el hongo y a su debido tiempo florecerás otra vez. No detengas tu crecimiento con: "¿Y qué si...?" o "Si solo tuviera...". Deja de preguntarle a Dios: "¿Por qué?". Y comienza a agradecerle y regocijarte en su infinita sabiduría, pues Él sabe lo que es mejor para ti. Entonces, descubrirás que tu dolencia se disipará rápidamente.

ESE HONGO INCURABLE

Aquello por lo que necesitamos que nos poden nunca desaparecerá de este mundo. Estará con el ser humano hasta que muera. No importa cuánto amenos al Señor, siempre estará presente. Es incurable y a menudo imperceptible para el ojo humano. Igual que el hongo de la vid, se adhiere a nuestra parte interna espiritual y a menudo aparece en los lugares más inesperados. Ese intruso insidioso es el yo: nuestra carne, que quiere salirse con la suya.

> "Porque el deseo de la carne es contra el Espíritu, y el del Espíritu es contra la carne; y éstos se oponen entre sí, para que no hagáis lo que quisiereis" (Gá. 5:17).

La carne (el yo) no desaparecerá de esta vida, y siempre nos hará sufrir, porque nos aleja del plan de Dios para nuestra vida. Cuando nos rendimos a los deseos y demandas de nuestra carne, nuestro corazón se aleja del Señor y busca la autosatisfacción. Pero ¿cómo podemos reconocer fácilmente el yo para poder responder rápidamente y evitar la dolencia innecesaria de la poda? El apóstol Pablo nos exhorta: "Si, pues, nos examinásemos a nosotros mismos, no seríamos juzgados" (1 Co. 11:31).

Por lo general, el yo puede identificarse por lo que estamos tratando de controlar y lo que nos está controlando. A veces nos creemos Dios, y otras veces nos negamos a creer que hay un Dios que nos pueda ayudar.

En este momento ¿qué estás tratando de controlar? Si eres soltera, ¿estás intentando determinar cuándo y cómo conocerás al "hombre de tu vida"? ¿Estás decepcionada y desanimada? Entonces estás tratando de mantener el control. Es importante que recuerdes que por cada mujer soltera *piadosa* que *desea* un marido piadoso, hay uno. El énfasis está en las palabras *piadosa* y *desea.* Si tú eres piadosa, quieres agradar a Dios; no lo quieres decepcionar. Entonces, te negarás a ti misma en vez de ir conscientemente contra su voluntad como se revela en su Palabra. Y los verdaderos deseos permiten que Dios coloque los deseos que Él tiene para tu vida en tu corazón. Si Dios quiere que tú te cases, él responderá. *Él* hará que esto suceda a su tiempo y a su manera. De modo que la decepción queda reemplazada por una paciente expectativa, al saber que Él está en control.

Tal vez seas madre soltera y estés tratando de controlar (manipular) a tus hijos. Si es así, estás probablemente al límite de tus fuerzas. Dios no te creó para que seas padre y madre de tus hijos. Él te creó para que seas la que los críe, aunque eso no significa que ignores la necesidad de ejercer la disciplina bíblica. Debes establecer principios claros, ser consecuente en tu respuesta a la conducta tanto negativa como positiva y dedicar el mayor tiempo posible a criar a tus hijos. Cuando se te salen de las manos, hazles saber que vas a hablar con su Padre. No tienes que dar gritos y alaridos; simplemente excúsate y vete a la privacidad de tu dormitorio, y ellos sabrán que estás hablando con Dios de ellos. Deja que Él trate con tus hijos. Enséñales que el Señor es tu cimiento y tu fortaleza. Te sorprenderás al ver la obra de Dios en el corazón de tus hijos y la paz que llenará tu hogar.

Puede que estés distanciada de tu esposo y que te encuentres en un horrible estado de ánimo; desgarrada entre dos fuerzas, una que te sugiere que termines con todo y la otra que te hace aferrar a la posibilidad de que podría funcionar. Permíteme aconsejarte que entregues la situación en las manos del Señor. Tu esposo no solo necesita un cambio de manera de pensar, sino de corazón; y eso solo Dios puede hacerlo. Vive un día a la vez, y cultiva un espíritu agradecido por las bendiciones de Dios. Confía en que Dios resolverá tu situación a su manera y a su tiempo. Cuando te relajes y le des tu matrimonio al Señor, responderás de manera diferente cuando estés cerca de tu esposo. Tus conversaciones, acciones y reacciones estarán bajo el control de Dios. No trates de ir delante de Dios y decirle lo que debe hacer. Vive con la calma y convicción de que Él tiene la situación bajo control.

Puede que seas viuda y tengas que seguir adelante sin tu esposo. Este es el momento de entregar todos tus dones y talentos en las manos del Señor para que Él pueda dirigir tus pasos. Descubrirás que este puede ser uno de los momentos más productivos de tu vida. No trates de controlar a tus seres amados y a quienes te rodean para que llenen tu vacío. Sigue adelante y descubrirás todo lo que Dios tiene para ti durante esta época.

Puede que estés casada y hayas descubierto que tu esposo se niega a ser controlado. Si tan solo escuchara tu "crítica constructiva" y cambiara, ¡todo sería perfecto en tu matrimonio!

Yo traté durante años de cambiar a mi esposo, pero me di cuenta de que él era renuente a participar de mi juego. Mi espíritu controlador era un hongo que necesitaba ser cortado, y debido a ello tuve que pasar por varias podas. Cuando dejé de tratar de controlar a mi esposo y en cambio tomé la determinación de centrarme en sus puntos fuertes, él comenzó a desarrollarse positivamente en los ámbitos que a mí me preocupaban. Conocí la realidad de la promesa bíblica de que "el que comenzó en vosotros [en mi esposo y en mí!] la buena obra, la perfeccionará" (Fil. 1:6).

ESTÁ CRECIENDO

El hongo del yo nunca nos dejará mientras estemos en esta tierra. Siempre tratará de adherirse al ser humano, y nosotras debemos estar decididas a batallar contra éste. Muchas veces es avivado por nuestro enemigo acérrimo, el diablo. Por esta razón, las Escrituras dicen: "Sed sobrios, y velad; porque vuestro adversario el diablo, como león rugiente, anda alrededor buscando a quien devorar" (1 P. 5:8).

Cuando Dios nos poda, el resultado será un mayor crecimiento y un fruto más dulce. Cuando el diablo nos ataca, su intención es destruirnos. Es importante que conozcamos la diferencia. Como creyentes debemos entender que Satanás puede pedirle permiso a Dios para podarnos de algún modo; pero el diablo tiene el poder de hacerlo sólo si Dios se lo permite. ¿No es maravilloso saber que Satanás no puede hacer lo que quiere con nosotros así porque así? Estoy segura de que todas estaríamos enfermas o muertas si él se saliera con la suya. ¿Recuerdas la historia de Job? Es un cuadro perfecto del control soberano de Dios sobre Satanás en el proceso de la poda:

"Un día vinieron a presentarse delante de Jehová los hijos de Dios, entre los cuales vino también Satanás. Y dijo Jehová a Satanás: ¿De dónde vienes? Respondiendo Satanás a Jehová, dijo: De rodear la tierra y de andar por ella. Y Jehová dijo a Satanás: ¿No has considerado a mi siervo Job, que no hay otro como él en la tierra, varón perfecto y recto, temeroso de Dios y apartado del mal? Respondiendo Satanás a Jehová, dijo: ¿Acaso teme Job a Dios de balde? ¿No le has cercado alrededor a él y a su casa y a todo lo que tiene? Al trabajo de sus manos has dado bendición; por tanto, sus bienes han aumentado sobre la tierra. Pero extiende ahora tu mano y toca todo lo que tiene, y verás si no blasfema contra ti en tu misma presencia. Dijo Jehová a Satanás: He aquí, todo lo que tiene está en tu mano; solamente no pongas tu mano sobre él. Y salió Satanás de delante de Jehová" (Job 1:6-12).

El Señor permitió a Satanás hacerle mal a uno de sus seguidores más fieles. Y la paciencia de Job lo condujo a su iluminación espiritual y finalmente a su restauración. Verdaderamente, él fue podado para florecer.

Por lo general, la poda tiene lugar cuando Dios usa situaciones, personas y circunstancias para ayudarnos a madurar en nuestra posición, actitud y temperamento cristiano. En 1998, desarrollé un temblor en la mano derecha. Después de muchos exámenes y consultas, los especialistas seguían confundidos por mi situación. ¿Qué iba hacer? Había confirmado compromisos de alocución y de entrevistas en la radio y la televisión. ¿Debía cancelarlas? ¿Era aquella la manera que Dios tenía de decirme que ya no quería que estuviera en el ojo público? La tentación era retirar mis hojas hacia atrás, preguntarle a Dios: "¿Por qué?", y rogarle que no permitiera que eso sucediera.

No se me permitió el lujo del apóstol Pablo de saber por qué estaba siendo afligida: "*para que* la grandeza de las revelaciones *no me exaltase desmedidamente*, me fue dado un aguijón en mi carne, un mensajero de Satanás que me abofetee, para que no me enaltezca sobremanera" (2 Co. 12:7). Sin embargo, aprendí del ejemplo de Pablo cuando explicó cómo resistió su poda. Él continúa diciendo:

"... respecto a lo cual tres veces he rogado al Señor, que lo quite de mí. Y me ha dicho: Bástate mi gracia; porque mi poder se perfecciona en la debilidad. Por tanto, de buena gana me gloriaré más bien en mis debilidades, para que repose sobre mí el poder de Cristo. Por lo cual, por amor a Cristo

> me gozo en las debilidades, en afrentas, en necesidades, en persecuciones, en angustias; porque cuando soy débil, entonces soy fuerte" (vv. 8-10).

Así es. Este libro está a punto de imprimirse, y no he perdido ninguno de los compromisos de alocución o de entrevistas en la radio o televisión. Tuve que hacer bastantes ajustes. Ya no puedo sostener un micrófono y caminar de acá para allá. Tengo que estar fija, detrás de un púlpito, con un pequeño objeto giratorio en mi mano todo el tiempo para poder controlar mi temblor de alguna manera. ¿El resultado? Las personas me aman y les encanta *Handy* [nota de traducción: conveniente en inglés].

¿Quién es *Handy*? Es mi mano temblorosa. Yo le muestro a la audiencia mi mano temblorosa y digo: "Puede que hayan notado que me tiembla la mano. Es un temblor que tengo en mi mano, y yo la llamo *Handy*, porque me resulta conveniente para sazonar la comida, rascarles la espalda a los demás y hacerle cosquillas a mi hija. También es conveniente para recordar que tengo que orar sin cesar, buscar el rostro de Dios e ir a lugares secretos con Dios".

Cuando una dama me sugirió que el diablo me había producido ese temblor en la mano, le respondí: De la única manera que Satanás puede tocarme es si recibe permiso de Dios. Tal vez le haya pedido permiso para hacerme temblar la mano; pero si lo hizo, habrá estado rogándole a Dios que lo detenga, porque no solo me recuerda que debo orar, sino que cuando ven el temblor en mi mano, otros recuerdan que deben orar. ¡Así que esto me convierte en una máquina de oración andante!

Handy también ha sido una bendición porque ahora les puedo enseñar a mis hijos a enfrentar los retos inesperados de la vida. Mi hija de nueve años, Gabrielle, ama a *Handy*. ¿Qué hubiera pasado de haberme echado atrás de esta poda y de sentirme avergonzada? ¿Cómo podría haber reaccionado mi hija? ¿Hubiera vacilado para presentarme a sus amigos? Estoy segura de que hubiera añadido tensión y presión a su vida. Pero ahora cuando visito su escuela, ella les presenta a *Handy* a sus amigos. Ella no se da cuenta ahora pero, cuando crezca, tendrá el ejemplo de cómo manejar la aflicción positivamente.

Tal vez tú tengas una *Handy* que no pueda verse con el ojo humano. Algo en tu vida está temblando. Tal vez sea una enfermedad interna, o tal vez una circunstancia mental, emocional, financiera o incluso relacional. Dios quiere que des una mirada a tu actitud, temperamento y disposición cristiana. ¿Le agrada a Él? Si no, permíteme aconsejarte que dejes de leer, pídele a Dios que te perdone y recibe su gracia. Luego toma a tu *Handy* como un medio que te permita centrarte en el Salvador viviente. Permítele ser un recordatorio constante de que Él está en control y "que todas las cosas les ayudan a bien, esto es, a los que conforme a su propósito son llamados" (Ro. 8:28).

LEVANTA TUS HOJAS

¿Qué parte de tu vida está siendo podada en este momento? ¿Estás llena de confusión, temor y murmuración? ¿Has estado preguntando: "Por qué yo?". ¿Por qué no levantas tus hojas y, erguida en el aire, miras a tu sabio Padre celestial a los ojos y le dices: "Amable y gentil labrador, estoy preparada"?

PARTE TRES

La libertad y el gozo de la mujer como ayuda idónea y engendradora de vida

LA RESPONSABILIDAD DE LA MUJER COMO AYUDA IDÓNEA DE SU ESPOSO

Barbara Hughes

Reimpreso y actualizado del libro Disciplines of a Godly Woman *[Las disciplinas de una mujer piadosa] (Crossway, 2001)*

Y dijo Jehová Dios: No es bueno que el hombre esté solo; le haré ayuda idónea para él.

GÉNESIS 2:18

CADA GENERACIÓN HA TENIDO expectativas para con su matrimonio. Mi propia madre, cuando se casó en 1934, planificó una bella boda y tenía las expectativas de una vida de ayuda y respeto a su esposo; un esposo que la amaría y supliría las necesidades de su familia. En realidad, lo que sucedió durante los cuarenta y seis años de matrimonio de mis padres no cumplieron las expectativas de ninguno de los dos, y, sin embargo, cada uno de ellos hubiera definido su matrimonio como un éxito y una bendición.

¿UN MATRIMONIO EXITOSO?

Una mañana soleada de abril de 1934, una familia de California recogió flores y follaje en su jardín bien cuidado, en preparación de la boda de su amada hija, Lula Anne. La novia, sus padres, cinco hermanas menores y un hermano, tías, tíos y primos colgaron guirnaldas y adornaron una glorieta con rosas, bajo la cual la tímida pareja estaría de pie delante del ministro y haría sus votos sagrados al día siguiente.

Aquella noche, exhaustos tras horas de arduo trabajo y risas, cayeron en la cama con entusiasmo y expectativas. Para su desilusión, se despertaron con la penumbra de los truenos y aguacero de una tormenta de primavera. Las guirnaldas se desprendieron de las ramas y la glorieta se tumbó por los fuertes vientos. Los planes cambiaron precipitadamente. En el corto tiempo que les quedaba antes de la ceremonia, tuvieron que preparar la casa para la celebración. Las pocas fotos del acontecimiento se hicieron cuando la lluvia se detuvo momentáneamente y todos salieron corriendo hacia afuera. Éstas mostraban una pareja joven en blanco y negro contra un telón de fondo gris, una imagen del comienzo del matrimonio.

El padrino y su esposa planearon llevar a la pareja al destino de su luna de miel; una tarea nada fácil para el año 1934. La ruta costera a Santa Bárbara apenas estaba pavimentada, y los neumáticos de repuesto del automóvil hicieron su aparición en más de una parada imprevista. Después de varias horas de celebración de bodas, estaban todos demasiado cansados para conducir con total lucidez. Entonces, estacionaron el automóvil al costado de la carretera y se quedaron dormidos. En la oscuridad de aquella primera noche, mientras dormían, un ladrón extrajo la maleta de la novia silenciosamente del automóvil. El ladrón le robó las pocas cosas preciosas que ella había reservado para su noche de boda. Por segunda vez, en menos de veinticuatro horas, la joven novia, mi madre, lloró.

El nombre de mi padre era Wilfred. Él tenía un hermano mellizo llamado Willard, y todos en la granja los llamaban "Trabajador" y "Haragán". Desde la niñez, mi padre trabajó duro y valoró el trabajo bien hecho. Cuando era niña, recuerdo ese apodo al observar la asombrosa energía que ponía en cada trabajo. Como trabajador no especializado, trabajaba en cualquier empleo vacante; como jardinero en un refugio de aves, en excavaciones de zanjas para los sistemas de desagüe en las carreteras y casi siempre en los depósitos de madera. La naturaleza del trabajo le puso a menudo en peligro, y sufrió más de un accidente grave.

Después del nacimiento de mi hermana menor, una carga de madera le cayó encima a mi papá y le rompió el tobillo. Pero incluso con un yeso enorme en su pierna, estaba determinado a trabajar y cojeaba por todos lados para ayudar a mi mamá a colgar la ropa recién lavada. Durante ese tiempo, mi madre conducía un camión de helados desde las nueve de la mañana hasta las nueve de la noche para abastecer a mi familia, compuesta por siete personas, con seis dólares al día; suficiente para alimentarnos, a duras penas. Mis padres simplemente hicieron lo que debían hacer. Estoy segura de que lloraban, pero raras veces lo veía.

Mi papá se convirtió cuando yo tenía doce años. Entre mis recuerdos más preciados está el día de su conversión, cuando atravesó la puerta con el rostro cubierto de lágrimas y abrazó a mi madre. Aquellos fueron los días más felices de mi niñez. Cada vez que cenábamos nos contaba acerca de sus esfuerzos para limpiar su vocabulario y la manera en que sus compañeros de trabajo se burlaban de él. Recordaba los intentos que hacía para testificar a sus compañeros. Y lo más importante, irradiaba gozo.

Aquel verano, la iglesia a la que yo estaba asistiendo realizaba su picnic anual, y por primera vez asistieron mis padres. Había pollo frito con ensalada de papas, pastel de manzana y melón. Mi papá jugó al voleibol con los de su clase de escuela dominical. Su risa todavía resuena en mi alma.

El día después del picnic hubo otro accidente en el depósito de madera. Esta vez, mi papá casi pierde su mano con una sierra mecánica. Al año siguiente tuvo que someterse a varias operaciones quirúrgicas. Mientras realizaba terapia física, memorizaba las Escrituras. Y recibió un Nuevo Testamento de cuero con su nombre inscrito en letras doradas como primer premio del concurso de memorización de su clase de escuela dominical.

Con lo difícil que había sido soportar el dolor físico, el dolor que mi padre tuvo que enfrentar los días siguientes fue mucho más fuerte. Ahora, este arduo trabajador no podía usar más sus manos para suplir las necesidades de su esposa e hijos. Los abogados defendieron los intereses de la compañía maderera, y mi padre quedó tullido y sin un centavo. Desde el día que la corte informó la decisión, mi padre solo pudo trabajar para lo que le ofrecieran: lavar platos.

Mi hermana mayor recuerda un día cuando fueron a un restaurante con sus amigos, y derramaron una jarra de Coca Cola. Entre risas y diversión, apenas notaron la llegada del hombre que enviaron a limpiar el líquido derramado. Mientras limpiaba pasando el trapeador, mi hermana miró a mi padre y pudo ver el tormento en sus ojos. Ella se sintió humillada, y él se sintió atormentado por su vergüenza.

Privado de su rol de proveedor, la depresión de mi padre fue en aumento; por lo que comenzó a beber en exceso. Con el tiempo, terminó en los barrios bajos de Los Ángeles. Durante los años que estuvo separado de nuestra familia, la gente decía a mi madre que abandonara a mi padre. Pero ella no lo hizo; se aferró a su función escogida de ayudar y respetar a su esposo y se aseguraba de que nosotros, sus hijos, habláramos de nuestro padre con amor y respeto. Cuando le diagnosticaron enfisema pulmonar, regresó a casa. Mi madre lo atendió cariñosamente los últimos once años de su vida.

Los recuerdos que mis hijos tienen de su abuelo son de aquellos once años. Ellos adoraban a ese alegre tullido que hacía el mejor guiso de chile y amaba a la abuela. Mi padre murió bendiciendo a mi madre, así como al Señor al que ella había sido fiel en obediencia a los votos que había hecho hacía muchos años.

Cuando mi padre murió, mi madre lloró. El amado con el que había compartido tanto —amor, dolor, sacrificio, fracaso, desilusión, perdón, risas y esperanza—, el compañero con el que había compartido la dulzura y los retos de la paternidad se había ido.

Pero también hubo lágrimas de gozo, porque mi madre tuvo la satisfacción de saber que habían terminado bien. A pesar de las muchas dificultades de su peregrinaje, mis padres se despidieron sin amargura, y dejaron a sus hijos una herencia de bendición.

Según el punto de vista de hoy día y, en realidad, comparando las esperanzas humildes con las que habían comenzado, mis padres carecieron de todas las cosas que se estiman necesarias para el éxito en el matrimonio. Mi padre no había recibido una recompensa terrenal por su arduo trabajo, mucho menos por sus buenas intenciones y deseos de ser un esposo cristiano después de convertirse. Por muchos años, años perdidos, el desastre fue seguido por la desesperación. Mi madre, que nunca había imaginado que llegaría a ser una madre sola o principal sostén económico de la familia, se encontró en aquella situación solitaria.

Pero la fidelidad de mi madre para con sus votos matrimoniales, hechos ante Dios, preservaron su matrimonio. Su fe en Cristo la ayudó a servir, respetar, bendecir y perdonar a su esposo.

LA NORMA BÍBLICA PARA EL PAPEL DE UNA ESPOSA CRISTIANA

Sorprendentemente, en una época cuando los cristianos tienen más dinero y más educación y, desde luego, más recursos como libros, videos, consejeros y grupos de apoyo, muchas parejas jóvenes carecen del ingrediente más importante para el éxito de su unión cristiana: una comprensión bíblica de sus papeles. Sin duda, los pasajes tradicionales de las Escrituras que enseñan a los casados cómo relacionarse uno al otro no han cambiado. Pero el cambio de perspectiva de la iglesia acerca de esta enseñanza ha dejado a las parejas indecisas y confundidas.

Considera, por ejemplo, la manera en que cambiaron los votos matrimoniales a través de los años. Con su sentimentalismo y generalidad, normalmente carecen de solidaridad con el pasado que refleja los compromisos que hicieron nuestros padres y abuelos para toda la vida. Históricamente, los votos matrimoniales cristianos estaban enraizados en las Escrituras, especialmente en la última mitad de Efesios 5. Creo que cada pareja cristiana debería entender e incluso aprenderse de memoria las instrucciones dadas allí. Esos votos sagrados abarcan la disciplina fundamental del matrimonio, nos enseñan que la relación matrimonial debe reflejar la relación de Cristo con su novia, la Iglesia. Cristo y su santa Iglesia ejemplifican el amor y la sumisión sacrificial que buscamos edificar en nuestro matrimonio.[1]

Escucha la Palabra de Dios: "Esposas, sométanse a sus propios esposos como al Señor. Porque el esposo es cabeza de su esposa, así como Cristo es cabeza y salvador de la iglesia, la cual es su cuerpo. Así como la iglesia se somete a Cristo, también las esposas deben someterse a sus esposos en todo... y que la esposa respete a su esposo" (Ef. 5:22-24, 33b, NVI).

El apóstol Pablo decía que esto era un "misterio profundo". Este misterio es más que profundo. ¡Es espectacular! El misterio del matrimonio no comenzó cuando Cristo vino y fundó su iglesia. Comenzó siglos antes. Fue el plan de Dios desde el comienzo. Por lo tanto, si quieres entender lo que enseña el Nuevo Testamento acerca del matrimonio, debes comenzar con el relato de Génesis acerca de la creación.

EL FUNDAMENTO DEL ANTIGUO TESTAMENTO

En su libro de mayor venta, *A Return to Modesty*, [El regreso al recato], la joven autora Wendy Shalit sostiene que "hoy día las personas pasan por alto el hecho de que nuestras diferencias son la clave de nuestra relación". Ella explica: "La revolución sexual parece haber fracasado principalmente por ignorar las diferencias entre los sexos... No solo pensamos que hay diferencias entre los sexos, sino que estas diferencias pueden tener un significado hermoso; un significado que no es un hecho irrelevante, sino que puede conformar y guiar nuestra vida. Es por ello que nos fascinan los dramas y la vestimenta del siglo XIX".[2]

Ella tiene razón. Y nosotras, que creemos en la Palabra de Dios, no tenemos que adivinar o preguntarnos el significado de esas diferencias. Los primeros capítulos del libro de Génesis nos dan un "mejor entendimiento del orden profundo y complejo que da sentido a las diferencias entre el hombre y la mujer",[3] y por consiguiente de los papeles del esposo y la esposa.

UNIDAD

Las misteriosas palabras de Génesis 1:26 nos proporcionan información esencial acerca de Dios; y, dado que fuimos hechos a su imagen, acerca de nosotros mismos. Escucha el misterio de la declaración de Dios: "Hagamos al hombre a nuestra imagen". Cuando Dios habla de sí mismo en el plural ("hagamos" y "nuestra"), nos damos cuenta de que aunque Dios es uno, no está solo. Cualquiera que sean los otros significados de haber sido hechos a imagen de Dios, este versículo deja claro que fuimos creados para relacionarnos.

Entonces, la verdad que nos deslumbra es: "Igual que Dios, la humanidad es una y al mismo tiempo diversa. Sabemos por el resto de las Escrituras que las tres personas de la Deidad (Padre, Hijo y Espíritu Santo) constituyen un solo Dios, y que toda la eternidad han disfrutado de su relación uno con el otro. La humanidad ha sido creada según esta imagen, con personas distintas (hombre y mujer) creadas para disfrutar una profunda unidad".[4]

Esta unidad es más profunda que el vínculo con nuestra propia carne y sangre. En el instante en que sostuve a cada uno de mis hijos recién nacido en mis brazos, se produjo un vínculo poderoso. Ellos son de mi propia carne. Yo estoy muy allegada a ellos, entretejida con ellos. Sin embargo, no soy "una sola carne" con ellos; soy una sola carne con mi esposo. La unión sexual entre el marido y la mujer hace que dos personas lleguen a ser literalmente una: en cuerpo y alma. Con el transcurrir de los años, llegamos a ser cada vez más una sola carne pues hay un intercambio de alma, una apropiación mutua de la vida del otro.

Génesis 1:27 sigue diciendo: "Y creó Dios al hombre a su imagen, a imagen de Dios lo creó; varón y hembra los creó". El uso de los términos biológicos "varón" y "hembra", en vez de "hombre" y "mujer", destaca las diferencias de los géneros: fisiología y función. Comprender las diferencias nos ayudará a apreciar el mandato de Pablo en Efesios de "sumisión" y "respeto" a nuestro esposo. Entender esto les brindará a las muchachas jóvenes lo que está buscando Wendy Shalit: un sentido de importancia de la diferencia de género en sus vidas.

DIVERSIDAD

Según las palabras de Claire Smith en su artículo "Dos mandamientos para las mujeres", Dios es un Dios de orden, y nosotras fuimos creadas para relaciones que reflejen su orden y propósito".[5] Aun en la Trinidad hay un orden para la relación. Las Escrituras revelan las diferencias en las funciones del Padre, el Hijo y el Espíritu Santo. Estas diferencias no son degradantes. El teólogo Wayne Grudem lo explica de esta manera: "El Padre planeó la redención y envió a su Hijo al mundo; el Hijo obedeció al Padre y logró la redención para nosotros; y el Espíritu concluyó la obra que el Padre planeó y el Hijo comenzó. El Padre envía y tiene autoridad sobre el Hijo, y el Hijo obedece y responde a las indicaciones del Padre. El Espíritu Santo es obediente a las instrucciones tanto del Padre como del Hijo".[6]

Hechos a la imagen de Dios, el hombre y la mujer también son iguales, pero diferentes. Iguales ante Dios como personas, se nos han dado funciones totalmente diferentes. En la relación del matrimonio, es el hombre el que lidera y la mujer es la que se somete a su liderazgo. En el principio, Eva se rebeló contra Dios, al rechazar su voluntad respecto al árbol prohibido, y después incitó a su esposo a seguir su liderazgo. Cuando Adán se unió a ella, en vez de liderar a su esposa en la piedad, trastocó el orden de la creación. Desde ese día, siempre hubo guerra entre los sexos.

MUJERES CONTRACULTURALES

Vivir las normas bíblicas para nuestro papel en el matrimonio, sin embargo, es ir contra nuestra cultura. Y no es solo la sociedad secular la que reacciona furiosamente contra la idea de los diferentes papeles. Hay también una confusión generalizada entre los creyentes acerca de lo que enseñan las Escrituras sobre el tema. Un artículo reciente en el *Chicago Tribune* citó a una mujer de una organización cristiana: "Nosotras no creemos que el matrimonio tenga que ver con subordinación, sino con reciprocidad. La intimidad es imposible cuando hay subordinación. Eso no es lo que la Biblia dice, y nosotras no creemos que Dios nos diseñó para vivir así".[7]

¡Perdón! Sabemos por el primer libro de la Biblia que "intimidad mediante subordinación" no solo es posible, sino que es el plan de Dios para nosotras; según el modelo de intimidad que existe en la Deidad. Por ello, para mí, como mujer cristiana, someterme a mi esposo no es una opción; es seguir obedientemente el plan de Dios del orden en el matrimonio, un plan que ha existido desde el principio.

La maravilla de mi noche de boda —mi rostro acalorado por el rubor de la timidez y la vergüenza por la vulnerabilidad que estaba experimentando por primera vez— es un recuerdo dulce que persiste en el tiempo. Mi esposo y yo habíamos comenzado a explorar el misterio que Dios maravillosamente nos proporcionó. Desde el principio, Dios nos hizo a su imagen, hombre y mujer; iguales pero diferentes. Y cuando las mujeres vivimos este profundo misterio, estamos agradando a Dios al vivir su magnífico orden.

Hay solo un problema, y es un gran problema: No vivimos en un mundo ideal o con hombres ideales que siguen la instrucción de

Efesios de amar a su esposa como Cristo amó a la Iglesia y se entregó por ella. Igual que Adán, muchos esposos no ejercen su liderazgo (o su amor sacrificial). Y como Eva, muchas esposas racionalizan la sumisión, y se cuestionan internamente la misma desdeñosa pregunta de Satanás: "¿Con que Dios os ha dicho...?".

Pero Dios lo dijo, y los pasajes del Nuevo Testamento acerca del matrimonio basan su enseñanza consecuentemente en Génesis.

LA GUÍA DEL NUEVO TESTAMENTO

Tres de los pasajes del Nuevo Testamento que exhortan a las mujeres a sujetarse a su esposo incluyen una frase importante e instructiva. Efesios 5:22 dice: "Esposas, sométanse a sus propios esposos como al Señor" (NVI). Colosenses 3:18 dice de manera similar: "Esposas, sométanse a sus esposos, como conviene en el Señor" (NVI). Estas frases paralelas sirven como recordatorio a toda esposa de que la sumisión en el matrimonio debe hacerse con la misma devoción y amor con que nos sometemos al Señor. Cuando nos sometemos a nuestro esposo, estamos coincidiendo con Dios en que vale la pena obedecer el magnífico orden de su plan y preservar su misterio. De este modo, reconocemos una vez más que Jesús es el Señor.

El tercer pasaje de 1 Pedro 3:1 dice: "Así mismo, esposas, sométanse a sus esposos..." (NVI). Este término esencial de Pedro "Así mismo" contiene la clave que nos faculta para hacer lo que debemos hacer cuando parece imposible.

En el capítulo que precede a 1 Pedro 3 (1 P. 2:13-25), Pedro enseña a todos los creyentes que la sumisión a toda autoridad instituida por Dios es esencial. "Porque ésta es la voluntad de Dios: que, practicando el bien, hagan callar la ignorancia de los insensatos", afirma 1 Pedro 2:15 (NVI). El apóstol sigue diciendo: "...si sufren por hacer el bien, eso merece elogio delante de Dios" (v. 20, NVI). La voluntad y el agrado de Dios son siempre los factores decisivos para escoger nuestro comportamiento. Asombrosamente, Pedro pone a Cristo como ejemplo de la belleza y eficacia de la sumisión:

> Para esto fueron llamados, porque Cristo sufrió por ustedes, dándoles ejemplo para que sigan sus pasos. «Él no cometió ningún pecado, ni hubo engaño en su boca.» Cuando proferían insultos contra él, no replicaba con

insultos; cuando padecía, no amenazaba, sino que se entregaba a aquel que juzga con justicia. Él mismo, en su cuerpo, llevó al madero nuestros pecados, para que muramos al pecado y vivamos para la justicia. Por sus heridas ustedes han sido sanados. Antes eran ustedes como ovejas descarriadas, pero ahora han vuelto al Pastor que cuida de sus vidas. Así mismo, esposas, sométanse a sus esposos…" (1 P. 2:21—3:1).

Puede que tú y yo hayamos leído muchas veces este mandamiento para las esposas como una idea independiente, separada del versículo que le precede. ¡Pero "así mismo" nos relaciona con el ejemplo y la persona de Jesús! Hemos de someternos a nuestro esposo del mismo modo que Cristo se sometió a la voluntad de Dios y fue a la cruz; Él "se [entregó] a aquel que juzga con justicia". La persistente fe de Jesús en la bondad y sabiduría de Dios en todo era firme. La obediencia a la voluntad de Dios fue su principal preocupación.

La obediencia a la voluntad de Dios fue la falla puntual de Eva. Ella dudó en la bondad y sabiduría de Dios que le negaba el árbol del conocimiento del bien y del mal. Por medio del evangelio, nosotras, que somos hijas de Eva, somos ahora también hijas de Dios, y se nos ha dado el poder de vivir como Cristo. Pero la obediencia depende de nosotras.

La sumisión a nuestro esposo comienza y termina con la confianza en Dios. Mi madre comenzó y terminó confiando en Dios, sin tener en cuenta la penumbra de sus pruebas. No puedo recordar que alguna vez cuestionara el amor o el cuidado de Dios hacia ella o su familia.

Por lo tanto, la palabra que tantas dificultades les trae a las mujeres de hoy, "*sumisión*", sigue siendo la Palabra de Dios para nosotras: "Así mismo, esposas, sométanse a sus esposos…".

AYUDA IDÓNEA

Desde el principio, el propósito de la mujer estuvo claramente definido. Dios miró a Adán y dijo: "No es bueno que el hombre esté solo; le haré ayuda idónea para él" (Gn. 2:18). Entonces, ¿Por qué se nos sube la presión cuando nos mencionan las palabras *ayuda idónea*? Como norma cultural, asociamos debilidad e incluso inferioridad con la persona que presta ayuda. Nadie quiere desempeñar un papel secundario. Pero el hecho es que sin un segundo violín no hay armonía.

¿Qué significaba antes, y qué significa ahora ser ayuda idónea? Por ejemplo, ¿con qué tareas debía Eva ayudar a Adán? Ella debía ayudarlo a cumplir el mandato de sojuzgar y señorear la tierra. Pero ella le falló a Dios cuando hizo que Adán se sometiera a Satanás junto a ella. Nosotras, como hijas contemporáneas de Eva, no debemos fallar como nuestra madre. Nuestra tarea es alentar a nuestro esposo a obedecer la Palabra de Dios y voluntad para su vida.

La primera vez que comencé a entender este concepto de un modo personal fue cuando mi esposo era un joven pastor en California. Yo notaba que cuando las cosas iban bien en la iglesia, él estaba muy optimista; pero cuando las cosas salían mal, se desanimaba fácilmente. Si la asistencia de la iglesia era concurrida, él se ponía contento; si los hermanos faltaban, entonces se deprimía. Posteriormente, la asistencia disminuyó por mucho tiempo. Y aunque no se confesó conmigo, estaba pensando seriamente en la posibilidad de abandonar el ministerio pastoral.

Una noche, después que los niños se durmieron profundamente, comenzó a hablarme de su desdicha. Mis intentos por consolarlo no lograban animarlo. Cuando le dije: "Cariño, tu sermón realmente me habló este fin de semana", me respondió: "De qué me sirve, si las pruebas seguirán el fin de semana que viene". Intenté nuevamente: "¡Solo piensa en Noé, que predicó durante ciento veinte años sin un solo convertido!". Su respuesta de humor negro fue: "Sí, pero no había otro Noé en el pueblo con su arca repleta de personas".

Finalmente, dejé de ofrecerle consuelo y me limité a escucharlo. Las palabras que dijo aquella noche eran las de un hombre que había perdido de vista de qué se trata el ministerio. Una combinación de ideas seculares que nos dieron a conocer algunos expertos en crecimiento de la iglesia, junto a su propio temor al fracaso, habían impelido a Kent a una búsqueda desesperada del éxito. A medida que recitaba sus comentarios negativos acerca de los ministros y el ministerio en general, llegó a una conclusión que no quería admitir. Era una conclusión que había estado creciendo dentro de él por mucho tiempo, y era terrible: "Dios me ha llamado a hacer algo, pero no me ha dado los dones necesarios para llevarlo a cabo. Por consiguiente, Dios no es bueno". Angustiosamente desesperado, me preguntó: "Barbara ¿qué voy a hacer?".

Cuando recordamos aquella noche de hace tanto tiempo, Ken me dice que si yo le hubiera respondido de otra manera, él hubiera "abandonado todo". Si yo me hubiera sumado a él con recriminaciones y quejas amargadas acerca de nuestra situación, él podría haber abandonado el ministerio y pasado el resto de su vida intentando demostrar su valor y la injusticia de Dios.

Pero, gracias a Dios, mi respuesta, llena de esperanza en Dios fue: "Yo no sé que vas a hacer; pero por ahora, por esta noche, aférrate a mi fe, porque yo creo. Yo creo que Dios es bueno. Yo creo que Él nos ama y va a obrar a través de esta experiencia. Por ello, aférrate a mi fe. Yo tengo suficiente fe para los dos".

Juntos buscamos en la Biblia la perspectiva de Dios con respecto al éxito. Juntos la encontramos; y no se parecía mucho al juego de subidas y bajadas de asistencia al que habíamos estado jugando. Las verdades que encontramos han servido como una estrella polar en nuestra vida a la que regresamos juntos una y otra vez. Ya sea en el matrimonio o el ministerio, el éxito se define por el conocimiento y la obediencia a la voluntad de Dios como está revelada en su Palabra.

Esta fue la primera vez que tuve consciencia del papel poderoso que yo desempeñaba como ayuda idónea de mi esposo. Fue también esta vez cuando descubrí algo hermoso acerca de la función de cada género. En Juan 14:16 Jesús consuela a sus discípulos con la promesa del Espíritu Santo, refiriéndose a Él como "otro Consolador" [Nota de traducción: Algunas versiones de la Biblia inglesa lo traducen como "otro Ayudador", de ahí el comentario de la autora]. Al referirse al Espíritu Santo como un ayudador, Jesús elevó para siempre la posición de aquel que presta ayuda. Busca las acciones del Espíritu Santo a través del Nuevo Testamento, y encontrarás repetidas veces al Espíritu Santo que alentaba, consolaba, acompañaba y ayudaba. ¡La obra del Espíritu Santo, el Ayudador, es hermosa! Y las mujeres nunca son tan nobles y preciosas como cuando siguen su ejemplo y aprecian su responsabilidad como ayuda idónea.

Por ello, la esposa cristiana no debería despreciar el término *ayuda idónea* ni resentirse por encontrarlo degradante. ¡Ser de ayuda es algo divino! No hay mejores palabras en el mundo que describan el papel de una esposa que *ayuda idónea*.

UN ESPÍRITU AFABLE Y APACIBLE

Muchas mujeres hoy día se preocupan por su aspecto físico; ¡la belleza es muy importante para nuestra sociedad! Pero insisto en que el concepto de Dios de belleza es contracultural. La belleza que Dios desea para las esposas es el resultado de la confianza y la obediencia: un espíritu afable y apacible.

> "Vuestro atavío no sea el externo de peinados ostentosos, de adornos de oro o de vestidos lujosos, sino el interno, el del corazón, en el incorruptible ornato de un espíritu afable y apacible, que es de grande estima delante de Dios. Porque así también se ataviaban en otro tiempo aquellas santas mujeres que esperaban en Dios, estando sujetas a sus maridos; como Sara obedecía a Abraham, llamándole señor; de la cual vosotras habéis venido a ser hijas, si hacéis el bien, sin temer ninguna amenaza" (1 P. 3:3-6).

La afabilidad o mansedumbre, como lo traducen otras versiones, no significa debilidad, blandura o timidez, ni siquiera simpatía. Esta palabra en el griego clásico se usaba para describir a los animales domados, las medicinas sedativas, una palabra suave y una brisa leve.[8] Es una palabra que conlleva ternura.[9]

La afabilidad también implica dominio propio. Aristóteles dijo que la afabilidad es el punto medio entre enojo excesivo y total aplomo. Por lo tanto, la persona que es afable es capaz de equilibrar su enojo. Lo puede controlar.

La mansedumbre o afabilidad es fuerza bajo control.[10] ¡La mujer afable es fuerte! Tiene control de sus temores. Es fuerte como el acero. Jesús nos dice en la tercera bienaventuranza: "Bienaventurados los mansos, porque ellos recibirán la tierra por heredad" (Mt. 5:5). Jesús dice que Él mismo es manso: "Llevad mi yugo sobre vosotros, y aprended de mí, que soy manso y humilde de corazón; y hallaréis descanso para vuestras almas" (Mt. 11:29). Y en Primera Pedro las mujeres de antaño, en particular Sara, son ejemplos de una belleza mansa. Aprendemos de 1 Pedro 3, pues, que el espíritu afable y apacible de Sara era el resultado directo de confiar en Dios y, a la vez, someterse a su esposo.

Esta es una belleza de la que no se habla mucho en estos comienzos del nuevo milenio. Estamos llenas de revistas y publicidad sobre equipamientos de ejercicios que nos informan cómo cultivar la belleza y mantener nuestro cuerpo en forma y buen estado. Tomamos muy en serio el cuidado de la piel, para lo cual usamos cremas y lociones exóticas para protegernos de la exposición que provoca arrugas prematuras. Nos preocupamos de combinar bien los colores. Y si nuestra cuenta bancaria lo permite, buscamos tratamientos que ofrezcan unos cuantos años más de apariencia juvenil. Hacemos todo esto en pos de la belleza que el mundo valora y, sin embargo, ignoramos los pasajes de las Escrituras que nos dicen dónde se halla la belleza que Dios valora.

EL RESPETO

Anteriormente, mencionamos el pasaje de Efesios 5 que habla del matrimonio. Ese pasaje termina centrando su atención en otra de las cualidades de una esposa que Dios considera importante: "... y la mujer respete a su marido" (Ef. 5:33b).

La mayoría de las mujeres piensa que el marido debe ganarse el respeto para que la mujer lo respete. No pueden estar más equivocadas. Aunque el marido no sea para nada respetable, su mujer puede honrarlo al respetar su posición. Sara entendía esto: "Ella habitaba con un hombre imperfecto que le pidió que hiciera algo inconcebible; sin embargo, ella no le echó la culpa de ese horrendo error por el resto de su vida, sino que restauró su respeto por él en su corazón y siguió viviendo con él y llamándole 'Señor'".[11]

¿Recuerdas la historia de mi madre? Así como ella nunca cuestionó la bondad y el cuidado de Dios sobre nosotros, siempre se aferró a su amor y respeto por mi padre. Nunca permitió que nosotros, sus hijos, ni ninguna otra persona habláramos mal de él. Incluso en su peor momento —que pudo haber sido bastante malo— mi padre siempre pudo estar seguro de que el amor y respeto de mi madre por él seguía firme.

Con el tiempo, el espíritu de mi madre obtuvo sorprendentes beneficios para el matrimonio y la familia. Debido a su fidelidad y perdón, mi padre regresó a la familia durante aquellos once años anteriores a su muerte. Debido a su decisión de respetar a mi padre, sus hijos y nietos tienen recuerdos de una relación positiva entre ellos. Podemos recordar las pequeñas cosas: como las enormes tarjetas de aniversario que mi padre escribía con la letra casi ilegible de su mano atrofiada y las cenas que preparaba con gran esfuerzo para cuando mi madre regresaba del trabajo como empleada de limpieza en un colegio preescolar.

En la actualidad, demasiado a menudo escuchamos de un amor que es solo condicional: "Te amaré siempre y cuando me ames". Pero mi madre entendió que el verdadero amor no tiene nada que ver con las circunstancias y que, aunque ve el objeto del amor con todos sus defectos, lo ama igualmente. El amor verdadero es un deliberado acto de la voluntad. Es el respeto dado, porque el Señor exige que se respete.

Cuando me entero de mujeres que se quejan de los defectos de su esposo con sus amigas, y me doy cuenta que a veces yo misma hago comentarios de mi esposo en un tono que no parece honrarlo, quiero gritar: "¡Basta, Barbara! ¡Piensa en las consecuencias!". Nuestras actitudes y nuestras palabras están educando a la próxima generación.

¿De dónde has aprendido a hablarle así a tu esposo y a hablar de tu esposo? ¿De los programas de debates y series cómicas o de la Palabra de Dios? La voluntad de Dios es que respetes con amor a tu esposo, aunque no se lo merezca. Ten cuidado con lo que haces y lo que dices. Dios ve y escucha.

UNA META COMO ESPOSA PARA TODA LA VIDA

Cuando Eva fue tentada, ella quería lo que Dios, en su benevolencia, no le había dado. Las cosas no han cambiado. A veces, desearía una vida más fácil y tranquila. A veces, anhelaría estar libre de los problemas de otras personas. Y me desespero por el constante bombardeo de voces que me dicen que debería buscar el poder y el prestigio personal. Yo sé que semejante pensamiento es absurdo. Una vez, una mujer sabia me dijo que las mujeres de hoy día, que buscan la igualdad, a menudo pasan por alto lo que más necesitan: igualdad en el compromiso de conocer a Dios y obedecer su voz. El hecho es que si ella tiene el mismo compromiso que su esposo o, incluso como hizo mi madre por muchos años, solo ella lo tiene, tiene el ingrediente crucial para una vida plena y feliz.

Hermanas en Cristo: debemos disciplinarnos a fin de sometернos a la voluntad de Dios para nuestra relación matrimonial: vivir como ayuda idónea de nuestro esposo, sujetarnos y respetar su posición, y desarrollar con gracia un espíritu afable y apacible. Esta es la voluntad de Dios en el evangelio.

El matrimonio de mis padres distó mucho del evangelio perfecto que he descrito. Sin embargo, hubo autenticidad y belleza en las promesas que hizo y guardó esta pareja trabajadora que enfrentó lo que parecía ser una situación insuperable. El resultado ha sido una cosecha de gracia, y yo soy parte de ésta.

Kent y yo hemos estado casados durante cuarenta y cuatro años. Tenemos cuatro hijos y veintiún nietos. Juntos hemos tratado de vivir las instrucciones de la Palabra de Dios acerca del matrimonio. Nuestras luchas han sido muy diferentes a las de mis padres y, sin embargo, a través de ellas nuestro compromiso ha crecido, como el de mis padres, en un amor más profundo y duradero del uno por el otro. Nuestro compromiso mutuo de vivir conforme al plan de Dios para los esposos nos ha permitido experimentar una feliz unidad; algo raro y hermoso en este mundo caído.

Lo que más lamento son las veces que le fallé al Señor al no ser una ayuda idónea, respetuosa y sumisa. De lo que más me alegro es del resultado directo de vivir conforme al plan de Dios para mi vida como una mujer, hecha a su imagen; igual pero diferente.

Cuando mi esposo y yo buscábamos establecer una perspectiva bíblica acerca del éxito, traté de responderme una pregunta: "¿Cuál es mi meta como esposa?". La decisión que tomé aquel día, hace treinta y un años, sigue vigente hoy día: Un día quiero escuchar a Dios decirle a Kent: "Bien, buen siervo y fiel; sobre poco has sido fiel, sobre mucho te pondré; entra en el gozo de tu señor". Como ayuda idónea de Kent en esta vida, esas palabras serán mi gozo. Habremos terminado bien.

RENUEVA TU MENTE

¿Qué expectativas tenías cuando te casaste? ¿De qué modo figura la meta de la santidad en tus expectativas actuales (ver Ef. 5:22-31, esp. vv. 27-28)?

Como cristiana, debes aceptar la autoridad de Dios y hacer de ésta la meta de someter cada ámbito de tu vida a su autoridad y orden. ¿Qué conocimiento obtienes de Génesis 1:26-28; 2:7, 18-25; 3:1-7, 14-17; y Efesios 5:22-24 acerca del orden de Dios para la autoridad en el matrimonio? ¿Qué significa específicamente la sumisión en tu matrimonio?

Si tú y tu esposo son "iguales, pero diferentes", ¿Por qué piensas que Dios creó un orden para la relación matrimonial? ¿Cómo refleja este orden el orden en la Deidad?

¿Cómo es tu reacción instintiva cuando escuchas que eres "ayuda idónea" de tu esposo? ¿De qué modo dignifica este papel para ti entender la función del Espíritu Santo como "Ayudador" (ver Jn. 14:16)?

¿Por qué la afabilidad es contracultural para la mujer en la sociedad de hoy día? ¿Por qué la afabilidad de una mujer es su verdadera belleza (1 P. 3:3-6)? ¿Cuál es el principal ejemplo de afabilidad (Mt. 11:29)?

¿Por qué debes respetar a tu esposo, tanto si se gana o no tu respeto (ver Ef. 5:33; 1 P. 3:6)? Haz un recuento de tus acciones y palabras recientes. ¿Manifiestan respeto por tu esposo?

En vista del evangelio, ¿cuáles son tus metas personales como esposa?

LIBERADA A TRAVÉS DE LA SUMISIÓN

P. Bunny Wilson

MIENTRAS ESPERÁBAMOS que comenzara la entrevista televisiva, me concentré en la mujer que estaba sentada junto a mí. Estuvimos conversando en la sala de espera antes de la grabación, y me llamó la atención su calidez y sinceridad. Su libro estaba en décimo lugar en la lista de libros más vendidos del *New York Times*. Las mujeres acudían en masa a las librerías a comprar este libro feminista, titulado *The Surrendered Wife* [La esposa que se entrega].[1]

Laura Doyle se había frustrado con la condición de su matrimonio; por lo que comenzó a preguntar a los esposos qué esperaban de sus esposas. Para su sorpresa, la mayoría de ellos coincidieron en que esperaban que los hicieran felices. Ella llegó a la conclusión de que su esposo esperaba lo mismo. Así que Laura decidió dejar de fastidiarlo, quejarse y criticarlo. Le entregó todas las responsabilidades a él (incluso las finanzas), accedió a tener relaciones sexuales con él cada vez que él quería y le permitió elegir las películas que verían y el restaurante que más le gustaba (junto a otras decisiones). ¿Qué sucedió? Él llegó a ser un esposo fabuloso, y ella recibió lo que quería. ¿Sinceridad? Sí. ¿Entrega? No.

El presentador comenzó el programa con la siguiente pregunta: "¿Cuál es la diferencia entre entrega y sumisión?".

Laura hizo un planteamiento para demostrar que se había entregado y después explicó que nunca podría someterse porque ello significaría ser inferior, estar debajo de alguien, subyugada por alguien.

El presentador del programa me miró inquisitivamente. "Si yo defino la sumisión como Laura lo hizo, yo tampoco lo haría. El diccionario Webster dice que sumisión significa 'someterse a una autoridad'. La sumisión es un principio poderoso, positivo y dinámico para cada hombre y mujer, ya sean solteros o casados. Debería comenzar en nuestra vida de solteros y extenderse en el matrimonio".

Lo cierto es que la sumisión ha tenido una mala crítica, porque ha sido definida inapropiadamente y aplicada incorrectamente. Por lo general, es el último recurso que una mujer busca para encontrar paz y armonía en su vida. La parte emocionante del éxito en las ventas del libro de Laura es que demuestra que muchas mujeres han llegado a la conclusión de que lo que han estado haciendo no ha dado resultado. Están buscando respuestas. Sin embargo, cuando una mujer decide cambiar el curso de su vida, tiene que pensar en las consecuencias del camino que escoge. Puede que vea resultados inmediatos, como han testificado las mujeres que pusieron en práctica la estrategia de Laura para el matrimonio, pero ¿no están edificando su vida y matrimonio sobre arena movediza?

Vamos a definir la palabra *entrega*. El diccionario Webster dice que significa "rendirse a la autoridad de otra persona". El hecho es que el único calificado para llenar esa posición es Dios; primero, porque toda la autoridad le pertenece a él, y segundo, porque no abusará de esa autoridad. La palabra *entrega* es un término militar. Significa que una guerra está teniendo lugar, y alguien gana y otro pierde. La sumisión, por otro lado, es una proposición de mutuo beneficio.

Si decidieras leer el libro de Laura, toma un bolígrafo y haz un círculo alrededor de las palabras *fingir*, *aparentar* e *imaginar* cada vez que aparezcan. En éste, se exhorta a las mujeres a estar de acuerdo con todo lo que quiera su esposo, a no "hacer problemas"; de ese modo, todo saldrá bien. No importa que la esposa sienta o piense diferente; todo lo que se les pide es que finjan, aparenten e imaginen. Recuerdo aquellos días cuando fingía sumisión a mi esposo.

EL VESTIDO DE NOVIA

Hace años, mientras estaba de compras en un centro comercial cercano, me llamó la atención una vidriera donde se exhibía un vestido de novia maravilloso. El bullicio de todas las personas que estaban alrededor de mí parecía cesar. Casi podía escuchar la melodía de la "marcha nupcial" en un órgano imaginario. Mi mente se adelantó cerca de veinte años, y me imaginé a mi pequeña hija, Launi, que se deslizaba por el pasillo de una iglesia, con un adorable vestido de encaje blanco.

Con una sonrisa, miré a la pequeña niña que estaba a mi lado.

—Solo piensa, Launi, un día te pondrás un bello vestido como ese —le dije tiernamente.

—¡Yo nunca me voy a casar! —dijo furiosa.

Me desconcertó. ¿Cómo podía una niña de seis años hacer semejante declaración? ¿Cómo podía *mi* niña de seis años hacer semejante declaración? Mi sorprendida reflexión en la vidriera de la tienda de novias hubiera hecho a la líder feminista, Betty Friedan, saltar, batir sus puños y gritar: "¡Te lo dije!".

Mientras trataba de asumir el incidente, pensé que tal vez era que Launi solo estaba un poco harta de nuestro largo recorrido por el centro comercial. Pero una segunda mirada a su rostro sereno y determinado me confirmó que su exabrupto había sido bastante bien pensado.

Mi mente retrocedió a mi propia infancia cuando yo también había llegado a algunas conclusiones definitivas relacionadas con el matrimonio. Hasta conocer a mi esposo, yo había sido una soltera declarada que no quería casarse ni tener hijos alguna vez. Cuando conocí a Frank, sin embargo, descubrí algunas cualidades en él que no había visto en ningún otro hombre. Entonces, decidí tomar un paso decisivo.

Ahora, mientras me esforzaba por recobrar mi compostura, le pedí a Launi que repitiera lo que había dicho, con la esperanza de que hubiera confundido algunas palabras. Con sus ojos fijos en los míos, me repitió firmemente:

—¡Nunca me voy a casar!

—¿Por qué? —fue, naturalmente, mi pregunta siguiente.

¡La respuesta de Launi cambió el curso de mi vida de "sumisión"!

—Porque no quiero tener un hombre que me diga lo que tengo que hacer como papá hace contigo. ¡Tú tienes que consultarle todo! ¡A ti no te gusta, y a mí tampoco!

Solo pude tartamudear y balbucear una defensa.

—Yo no le consulto a papá por todo —insistí—. ¡Si hoy vinimos al centro comercial por mi cuenta, sin siquiera consultarle!

La expresión de disgusto en su rostro fue suficiente para decirme que mi retrato debería colgar de la Galería de los Hipócritas.

Así que este era el resultado de toda mi sumisión obediente. Debí haber sabido que no daría resultado. Esta niña de seis años se había percatado de todas mis sonrisas y entregas. Me sentí como si hubiera estado viviendo en una cueva oscura durante años y de repente hubiera salido a la espléndida luz del sol.

Durante seis años, había estado determinada a soportar el deber de la sumisión, y ahora estaba cosechando las consecuencias. Comencé a pedirle a Dios un correcto entendimiento y aplicación del principio de la sumisión. Una vez que lo aprendí, me sorprendí de su poder liberador.

EN LA RADIO

Es importante que entendamos la sumisión en su totalidad. ¿Recuerdas mi entrevista con Laura Doyle? La entrevistadora me preguntó si la sumisión era únicamente para las personas que creen en la Biblia. Le respondí que la sumisión no es solo un principio cristiano, sino un principio universal. Después, di el siguiente ejemplo.

Un día, me entrevistaron en una emisora radial acerca de mi libro sobre la sumisión. Roberto, el anfitrión del programa de debate, me informó que habían hecho mucha propaganda acerca del programa. Había muchas personas que esperaban que se abrieran las líneas telefónicas.

Una vez que Roberto me presentó, intervino inmediatamente con la siguiente declaración:

—Así que, Bunny, has venido a la radio hoy a decirles a las esposas que deben ser sumisas a su esposo.

—No, Roberto, yo estoy aquí hoy para decirte que tú eres un hombre sumiso —respondí en un tono de diversión.

—¿Cómo es eso? —preguntó él.

—Bueno, el diccionario Webster define la palabra sumisión como "someterse", un acto que es voluntario. ¿Tú eres el dueño de esta radio?

—No —respondió.

—¿Tienes un gerente general? —le pregunté.

—Sí, —respondió.

—¿Siempre estás de acuerdo con la programación que te asignan? —le pregunté.

—Por su puesto que no —respondió.

—Entonces, el solo hecho de que hoy estés hablando conmigo significa que eres un hombre sumiso —le dije.

Roberto estalló en una carcajada.

—¡Creo que tienes razón! —replicó.

Después de haber conversado por un breve tiempo sobre el tema, abrió las líneas telefónicas. La primera llamada fue de Ana, que obviamente había esperado por ese momento.

—¡Hola, Bunny! ¿Qué tienes en la cabeza? ¡Habría que agarrar tu libro y quemarlo en el fuego! —anunció enfáticamente.

Negándome a perturbarme por su exabrupto, le pregunté cómo definía ella la sumisión. La comparó a la subyugación, al abuso físico y a los pedidos inmorales. Le expliqué que sumisión se había ganado mala fama, porque se había definido incorrectamente y aplicado inadecuadamente.

—¿Sabías que las feministas son mujeres sumisas? —le pregunté después.

Parecía como si Ana se estuviera carcomiendo en el teléfono, pero continuó.

—Muchos grupos feministas tienen un organigrama. Cuando una junta directiva se reúne para tomar decisiones para su organización, puede que no todos sus miembros estén de acuerdo, pero todos saben que el presidente tiene el derecho de tomar la decisión final. Antes de retirarse de la reunión, aquellos que están en desacuerdo deben *someterse amablemente*, porque saben que "si una casa está dividida contra sí misma, tal casa no puede permanecer".

La realidad es que todos nos sometemos a algo. No se trata de "¿Tú te sometes?", sino antes bien de "¿A qué o a quién te sometes?". Como creyentes, es imperativo que aceptemos la Palabra de Dios como nuestro organigrama, tanto si somos hombres o mujeres, solteros o casados. A medida que aprendas más acerca del principio liberador de la sumisión y lo apliques a tu vida, descubrirás que la sumisión realmente significa "Dios interviene".

EL SEMÁFORO ROTO

En mi libro para solteras a las que alguna vez les gustaría casarse, *Knight in Shining Armor* [El príncipe azul], doy un ejemplo que vale la pena repetir. Es de ayuda para ilustrar la simpleza del poderoso principio de la sumisión.

Antes de partir en tu automóvil con un destino, probablemente no hagas esta oración: "Señor, te pido que no permitas que haya un semáforo roto en una de las intersecciones transitadas del camino ¡o nunca llegaré a donde tengo que ir!".

¿Por qué no oramos de esa manera? Porque sabemos que cuando llegamos a una intersección y el semáforo está roto, hay un procedimiento establecido que permite que el tráfico circule sin mayores problemas. Lo primero que hacemos es detenernos. Permitimos que el automóvil que está a nuestra derecha pase primero. Después pasamos nosotros, y así sucesivamente, hasta que el semáforo es reparado. Ahora bien, ¿qué sucedería si no hubiera un orden establecido? Habría un completo caos en la intersección, y los conductores estarían discutiendo y chocando unos con otros, al tratar de demostrar que tienen el derecho de paso.

¿Te has preguntado alguna vez por qué necesitamos el principio de la sumisión? La sumisión en las relaciones terrenales proporciona una bella ilustración de la relación dentro de la Trinidad y del plan redentor de Dios. Pero otra explicación práctica es que Dios sabía que había creado individuos librepensadores y que, por naturaleza, cada persona hace lo que está bien a sus propios ojos. Él sabía también que si dos personas cualesquiera pasaran un tiempo determinado juntas, tarde o temprano su comunicación fallaría; el "semáforo" se cortaría. Si no se hubiera establecido un orden, habría una total confusión en la relación.

Lamentablemente, hay muchos creyentes que no entienden el principio de la sumisión, y sus relaciones están llenas de enojo y caos. Sin embargo, como todos sabemos, la ignorancia de la ley no nos excusa de la pena de la ley. Seamos casados o solteros, hombres o mujeres, necesitamos somenternos a Dios (Stg. 4:7, NVI) a los líderes espirituales de la iglesia (He. 13:17, NVI), a los empleadores (1 P. 2:18, NVI) y al gobierno (1 P. 2:13-14, NVI). La práctica de la sumisión en la vida de una persona soltera afectará directamente el éxito de la sumisión en su vida de casada.

En la relación matrimonial, no solo es la esposa quien debe someterse. El esposo debe someterse a Dios al amar a su esposa "como Cristo amó a la iglesia" (Ef. 5:25), al ser el que tome la decisión final (Ef. 5:22), al ser cabeza espiritual (Ef. 5:26) y al vivir con ella "sabiamente" (1 P. 3:7). La esposa debe estar sujeta a las decisiones finales de su esposo (Ef. 5:22).

Demos una mirada a este principio de la sumisión en el contexto del lugar de trabajo. Supón que tu jefe te asigna una labor con la que no estás de acuerdo. Tú crees firmemente que su idea es una pérdida de tiempo. ¿Te vas a almorzar y te quejas con tus compañeros de trabajo acerca de la decisión de tu jefe? Si lo haces, desobedeces la Palabra de Dios, que dice:

> "Haced todo sin murmuraciones y contiendas, para que seáis irreprensibles y sencillos, hijos de Dios sin mancha en medio de una generación maligna y perversa, en medio de la cual resplandecéis como luminares en el mundo" (Fil. 2:14-15).

Según este pasaje de las Escrituras, nunca debería haber quejas o murmuraciones entre los creyentes. ¿Significa esto que debemos permitir que las personas se aprovechen de nosotros? No; el procedimiento adecuado funciona igual que cuando hay un semáforo roto.

Cuando tu jefe te pide que hagas algo que a ti te parece irracional, lo primero que deberías hacer es detenerte. Necesitas tiempo para poner en orden tus pensamientos y evitar reaccionar emocionalmente y decir o hacer una necedad.

El próximo paso es *hablar la verdad*. Puede que pienses "¡Bueno, eso no será difícil!". Pero puede que sea más difícil de lo que tú crees si se hace de acuerdo a Efesios 4:15, donde la Palabra de Dios dice que debemos hablar "la verdad en amor". A mí me despidieron de tres trabajos por decir la verdad con enojo y frustración. Cuando expresamos la verdad en amor, hablamos sinceramente y con el tono de voz, las expresiones faciales y los gestos correctos. Si tu jefe no está de acuerdo contigo, el paso siguiente es someterte y entregarle el asunto a Dios.

La sumisión es un principio muy poderoso porque funciona sobre la fe y "sin fe es imposible agradar a Dios" (He. 11:6).

Hace falta fe para creer que Dios conoce a todos y escucha a todos e intervendrá a nuestro favor sin ningún otro comentario por nuestra parte. En la situación con tu jefe, significa que tú crees que el Señor puede comunicarse con su mente y corazón (sea creyente o no) y es capaz de llevarlo en la dirección correcta.

EL VEREDICTO FINAL

Después que Jesús murió en la cruz por nuestros pecados, Dios podría haber escrito en su Palabra: "Si confiesas con tu boca y crees en tu corazón que Dios lo levantó de los muertos, serás salvo... Fin". Dios podría habernos dejado aquí para enfrentar la vida y el diablo por nosotros mismos y simplemente esperar pacientemente hasta morir e ir al cielo. El hecho de que Él cuida de cada aspecto de nuestra vida entre esta tierra y el cielo es una bendición increíble. Sin embargo, si queremos cosechar la recompensa, tenemos que permitir que Él intervenga. Recuerda: *sumisión significa que Dios interviene.*

Para aquellas de nosotras que estamos casadas, decir la verdad en amor permitirá que Dios nos use como "ayuda idónea" eficaces en la vida de nuestro esposo (ver Gn. 2:18). Muchas mujeres casadas intentan barrer bajo la alfombra los temas controversiales en nombre de la paz. Eso solo hace que se formen bultos en la alfombra, con lo cual, pasado el tiempo, ninguno de los cónyuges podrá caminar a través de la relación sin tropezarse.

El último paso es *esperar* que Dios muestre cuál es su voluntad para con la situación. El objetivo no es demostrar quién tiene razón y quién está equivocado, sino descubrir la voluntad de Dios sobre el asunto. A veces, contamos con todos los datos correctos, pero la conclusión sigue sin ser la voluntad de Dios.

¿Recuerdas la ilustración de la manera de tratar con el jefe? Se quedará pasmado de asombro cuando, con un corazón y una actitud alegre, le hagas frente a un proyecto que él sabía que te parecía desacertado. Tu conducta agradable dirá mucho acerca de tu relación con el Señor.

Pero ¿qué sucedería si tu jefe —o pastor o esposo— tomara una decisión obviamente mala? La verdadera pregunta no es si acaso, sino cuando. Nadie es perfecto, y los errores son inevitables. Sin embargo, cuando obramos de acuerdo al principio de la sumisión, los errores se convierten en bendiciones. La fe reconoce que Dios puede hacer una línea derecha con una vara torcida.

Los errores por parte de aquellos que están en autoridad son nuestra oportunidad de decir: "Puesto que soy cristiana, me someto a tu decisión. Yo creo que Dios puede guiarte en el camino por el que debes ir. También creo que si cometes un error, Dios puede resolverlo. Por ello, ¿qué puedo hacer para ayudar?".

Cuando las personas que están en autoridad en nuestra vida cometen un error y nosotras estamos allí para ayudarlos a resolver ese error, esa expresión de bondad les permite aceptar que lo que hicieron estuvo errado en vez de justificarse o culpar a los demás. De modo que nos ganamos su cariño, y la luz de Jesucristo se ve claramente en nuestra vida. La próxima vez que les demos nuestra opinión, podemos estar seguras de que nos prestarán mayor atención, porque nos habremos ganado el derecho a ser escuchadas.

¡BIEN HECHO!

Una de las bendiciones más grandes de practicar la sumisión ha sido verla repetida en nuestros hijos. Cuando mi hija, Launi, estaba planificando su boda con el joven encantador que ahora es mi yerno, me aseguré de que verdaderamente enviara tarjetas de agradecimiento por los regalos que había recibido. Ella me prometió que sería diligente en cuanto a ello, pues sabía que era importante para mí.

Meses después de la ceremonia, algunos familiares y amigos comenzaron a preguntarme si Launi había recibido sus regalos. Entonces, me molesté mucho y marqué su número de teléfono lo más rápido que pude. Cuando la confronté con su obvia falta de diligencia, me respondió: "Lo siento, mamá; pero Jason me dijo que quería que esperara hasta que él tuviera tiempo para que nos sentáramos y escribiéramos las tarjetas juntos. Así que estoy esperando en sumisión a mi esposo.

Me quedé en silencio. Aprendió; eso es lo que había estado enseñándole durante tantos años. Sonreí y le aconsejé que le recordara a su esposo que era importante que enviaran las tarjetas de agradecimiento y colgué el teléfono. Me alegré al saber que ella había entendido y estaba practicando la sumisión.

LA PACIENCIA

La paciencia es uno de los ingredientes necesarios para una vida de sumisión exitosa. Sin embargo, es algo que lamentablemente falta en la mayoría de nuestras vidas, porque para ello es necesario que soltemos el control de una situación. Debemos caminar en fe y creer que Dios intervendrá cuando se nos exhorta a someternos a alguien que está en autoridad.

Una y otra vez, me ha tocado aconsejar a mujeres que desean quedarse en el hogar para criar a sus hijos, pero cuyos esposos insisten en que trabajen fuera. Estas mujeres se levantan temprano y se apresuran para tener listos a sus hijos y dejarlos en la guardería o la escuela. Después, pasan ocho horas en el trabajo y salen justo a tiempo para recoger a sus hijos de la escuela; o peor aún, sus hijos llegan a una casa vacía mientras ellas están aún trabajando. Una vez que llegan a la casa, tienen que preparar la cena, ayudar a sus hijos en las tareas escolares, bañarlos y terminar con los rituales de la hora de dormir. Además, no nos olvidemos de la casa o apartamento que necesita atención. Y por desgracia, demasiadas veces cuentan con poca colaboración de su marido.

No puedo contar la cantidad de mujeres que se han sentado frente a mí en la sala de mi casa y han llorado por no poderle hacer entender a su esposo cuán difícil les resulta trabajar fuera de casa. Muchas de estas mujeres extremadamente estresadas se han sorprendido de escucharme decir: "Debes someterte a la decisión de tu esposo".

Déjame decirte rápidamente que nunca he visto un caso en el que una mujer pusiera en práctica mi consejo y, a la larga, tuviera que seguir trabajando fuera de casa. Pero es importante que lo haga a la manera de Dios; deben someterse a la autoridad de su esposo para dejar de ser un obstáculo para Dios.

Las Escrituras enseñan que el plan de Dios para las esposas es que sean "cuidadosas de su casa" (Tit. 2:5) y es difícil hacerlo sin estar en casa. Pero el Señor se opone a que hagamos las cosas de la manera incorrecta. Incluso en situaciones en que la mujer es la única que sostiene a sus hijos, Dios se manifestará fuertemente a favor de la madre si ésta le da tiempo y ejerce paciencia.

Cuando mi cuñada, Audree, le dio su corazón al Señor, empezó muy bien. No conozco a alguien que haya igualado su pasión por Dios al convertirse. No le costó entender la importancia de ser "cuidadosa de su casa" y rápidamente le comentó a mi hermano, Cliff, su deseo de dejar su puesto de trabajo. El reto era que su ingreso igualaba al de él, y necesitaban ambos ingresos para cubrir sus necesidades. Sin embargo, ella creía que Dios supliría, y Cliff consintió. A la semana, él recibió una promoción en el trabajo y comenzó a ganar el doble.

A comienzos de 1999, comencé a discipular a ocho mujeres jóvenes. Dos de ellas tenían hijos pequeños y estaban trabajando fuera de casa. Ambas expresaron que no había manera de que su esposo les permitiera dejar de trabajar. Ambas siguieron mi consejo de seguir bajo la autoridad de su esposo. Antes que terminara el año, ambas habían dejado de trabajar fuera para poder cuidar de su hogar.

Mientras cenábamos en casa, el esposo de una de las mujeres hizo un comentario profundo. Dijo: "Recuerdo el día que mi esposa me entregó al Señor. Ella no me dijo que aquello era lo que había hecho, pero yo supe que había ocurrido. Antes, cuando ella discutía conmigo, eso me permitía justificar las decisiones que yo sabía que no agradaban al Señor. Pero cuando ella cedió el control, con el único que tenía que tratar era con el Señor, y esa es una posición incómoda".

La paciencia es la clave. Una vez que esas esposas entregaron su situación en las manos del Señor, experimentaron paz, incluso antes que la situación se resolviera. El solo hecho de saber que estaban orando en la voluntad de Dios y que, a su debido tiempo, Él intervendría las liberó del estrés.

Una persona sabia dijo en una ocasión: "¡Tú no quebrantas las leyes de Dios; éstas te quebrantan a ti!". Si la palabra *sumisión* te hace poner los pelos de punta, eso sugiere que eres víctima de una definición y aplicación incorrecta de este principio liberador. No permitas que el mundo te robe el gozo de caminar en obediencia a Dios en este ámbito. La sumisión es la senda que Él ha designado para proporcionar la mayor libertad y bendición posible para cada creyente. Prepárate y observa cómo interviene Dios a tu favor cuando haces las cosas "decentemente y con orden" (1 Co. 14:40).

CÓMO CRIAR HIJAS FEMENINAS

Susan Hunt

EL MISMO HECHO DE preguntarnos cómo transferirles el legado de la feminidad a nuestras hijas, es una señal del tiempo en el que vivimos. Vivimos en una cultura posmoderna, relativista, que se ha extraviado completamente, hasta tal punto que incluso la simple cuestión de que las niñas maduren de modo natural hasta convertirse en mujeres se ha atascado en el embrollo de la confusión. Por lo tanto, ¿cómo abordamos este tema?

El diccionario define *femenina* como "perteneciente al sexo femenino; caracterizada por, o poseyendo, cualidades generalmente atribuidas a la mujer; mujeril".

Yo podría tomar esta definición y añadirle todas las cualidades que pienso que deberían "ser atribuidas generalmente a una mujer". Podría escribir un tratado sobre los efectos obvios del feminismo y hacer un llamado a las mujeres a regresar a los valores tradicionales. Podría hacer una lista de las cosas que las buenas madres y los buenos padres cristianos deberían asegurarse de que sus hijas hagan y no hagan. Y créanme, ¡tendría criterio para hacerlo! Sin embargo, un método formulista, prescriptivo, conductual, es como arena movediza. Podría dar ideas inmediatas y soluciones temporales, pero no retará a nuestras hijas a realizar un compromiso duradero ni un cambio en lo profundo de su corazón.

Cualquier debate sobre la feminidad debe tener la guía de la Palabra de Dios o carecerá de sustancia, integridad y larga vida.

Estoy totalmente convencida de la volubilidad de este tema; pero mi principal preocupación es presentar un fundamento bíblico para la feminidad. Yo creo que este método positivo nos ayudará a mostrarles y hablarles a nuestras hijas de la maravilla del designio y llamado de Dios para la mujer.

Una nota al margen antes de analizar este tema; al pensar en criar hijas femeninas, te animo a pensar en términos de pacto y no solo biológicos. Nuestra salvación es personal e individual pero, cuando Dios nos salva, Él nos adopta como parte de su familia de pacto. Tenemos hermanos, hermanas, madres e hijas espirituales. Dios trata con nosotros como una familia de la fe. Tengamos o no tengamos hijas biológicas, tenemos hijas espirituales, y es el privilegio y responsabilidad de nuestro pacto transferir un legado de feminidad bíblica a las niñas y muchachas encomendadas a nuestra iglesia.

Ahora vamos a analizar el fundamento bíblico para la feminidad.

PROPÓSITO Y AUTORIDAD

Cada vez que hacemos una apología bíblica de cualquier tema, necesitamos comenzar por colocar ese tema en el contexto más amplio de la creación, la caída y la redención. Si simplemente sacamos unos cuantos versículos bíblicos fuera del contexto y los usamos para hacer nuestra apología, es probable que salgamos con distorsiones. Lo mismo ocurre en el caso de la feminidad. Nuestro punto de partida no son la función y el comportamiento. La pregunta fundamental es: ¿Cuál es nuestro propósito y autoridad? La creación, la caída y la redención nos dan la respuesta.

Las primeras palabras de las Escrituras nos dicen que "En el principio creó Dios los cielos y la tierra... Y dijo Dios: Sea la luz; y fue la luz" (Gn. 1:1, 3).

Dios es el Creador. Él habló, y la tierra se materializó. Su Palabra es la autoridad absoluta.

Al sexto día de la creación Dios dijo: "Hagamos al hombre a nuestra imagen, conforme a nuestra semejanza; y señoree en los peces del mar, en las aves de los cielos, en las bestias, en toda la tierra, y en todo animal que se arrastra sobre la tierra" (Gn. 1:26).

Es increíble que el Dios cuyas palabras dieron existencia a la creación hiciera una criatura a su propia imagen. El Rey Creador dio forma a una criatura que reflejaría ciertos aspectos de su propio carácter. Esto es lo que distinguiría a esta criatura de todas las demás.

> "Y creó Dios al hombre a su imagen, a imagen de Dios lo creó; varón y hembra los creó" (Gn. 1:27).

El hombre y la mujer fueron creados con la capacidad de reflejar el mismo carácter de Dios. En este punto se encuentra el propósito y la dignidad de la humanidad.

El propósito y la autoridad son los primeros pasos para desarrollar una perspectiva mundial, incluso nuestra perspectiva de la feminidad. El *Catecismo menor de Westminster* enfatiza esto al comenzar con estas dos preguntas fundamentales:

> P. 1. ¿Cuál es el fin principal del hombre?
> R. El fin principal del hombre es el de glorificar a Dios, y gozar de él para siempre.
> P. 2. ¿Qué regla ha dado Dios para enseñarnos cómo hemos de glorificarle y gozar de él?
> R. La Palabra de Dios que se contiene en las Escrituras del Antiguo y del Nuevo Testamento, es la única regla que ha dado Dios para enseñarnos cómo hemos de glorificarle y gozar de él.[1]

Nuestro propósito es glorificar a Dios, y nuestra autoridad para saber cómo glorificarle es su Palabra. Esto perfila y simplifica la vida.

Pero el primer hombre y la primera mujer se rebelaron contra la autoridad de Dios. Adán y Eva prefirieron optar por la autonomía que por el gobierno de Dios. El pecado los separó de Dios y del motivo de su existencia. Ya no podrían vivir en la presencia de Dios, y por ello ya no podrían reflejar su gloria. Adán fue nuestro representante; por lo que su naturaleza caída y las consecuencias lamentables de su pecado se transfirieron a la raza humana.

Pero Dios no nos deja en este aprieto. A través del pacto de gracia, Dios abrió el camino para que seamos redimidos del pecado y vivamos en su presencia. En este pacto, Cristo es nuestro representante. Él cumplió con los términos del pacto en nuestro lugar. Vivió una vida de perfecta obediencia y se ofreció a sí mismo como pago por nuestros pecados. La promesa del pacto de Dios es: "Y les daré corazón para que me conozcan que yo soy Jehová; y me serán por pueblo, y yo les seré a ellos por Dios; porque se volverán a mí de todo su corazón" (Jer. 24:7). Nosotros no merecemos la salvación, y no podemos hacer nada para obtenerla. Es gracia maravillosa de principio a fin.

ALGUNAS IMPLICACIONES PRÁCTICAS DEL PROPÓSITO Y LA AUTORIDAD

Nuestras hijas serán producto de su teología. Su conocimiento —o falta de conocimiento— de quién es Dios y qué ha hecho por ellas se manifestará en cada una de sus actitudes, acciones y relaciones. Su punto de vista será determinado por su sistema de creencia.

Debemos enseñar a nuestras hijas que su valor e identidad radican en el hecho de que son portadoras de la imagen del Dios de la gloria. Esto las protegerá de buscar significación en la superficialidad intrascendente de la realización y felicidad personal, el materialismo o cualquier otro beneplácito.

Nuestras hijas deben conocer la maravillosa verdad de que su propósito central en la vida es glorificar a Dios. Esto debe determinar cada decisión que tomen, desde la elección de su vestimenta hasta la selección de su esposo. La pregunta que guíe todas nuestras decisiones debería ser: ¿Glorifica esto a Dios? Uno de los primeros versículos que memoricen debería ser 1 Corintios 10:31: "Si, pues, coméis o bebéis, o hacéis otra cosa, hacedlo todo para la gloria de Dios". Y deberían vernos tomar decisiones en base a este mandato.

El mundo tentará a nuestras hijas a ver sus sentimientos y experiencias como su autoridad, pero nosotras debemos mostrarles que la Palabra de Dios es la autoridad máxima para la fe en la vida.

Debemos hablarles a nuestras hijas acerca del alcance del amor de Dios. Ellas deben saber que somos justificadas y santificadas por la gracia. Al parecer, las mujeres tienden particularmente a evaluar la vida conforme al desempeño. Puede que sepamos que somos salvas por la gracia, pero de algún modo nos enredamos con la "justicia por las obras" en lo que se refiere a nuestra santificación. Pensamos que si fuéramos un poco mejores, Dios nos amaría un poco más. La distorsión contamina todas las demás relaciones. *Si fuera un poco mejor, mis padres me amarían más... o mis amigos me amarían más... o mi esposo me amaría más.* Esto es extenuante para aquella que está tratando de ganarse el amor de todos, y agota a las personas cuya aprobación estamos tratando de obtener. Los hijos que piensan que deben establecer su propia justicia por medio de una conducta aceptada, finalmente llegarán a cansarse tanto que se rendirán y se convertirán en expertos del engaño.

Un entendimiento bíblico de la justificación hará libres a nuestras hijas. Cuanto más entiendan que Dios nos declara justas ante sus ojos a partir de la obra consumada de Jesucristo, y que la justicia de Jesucristo es depositada en nuestra cuenta bancaria espiritual, más vivirán en la belleza y libertad de su gracia.

Todo esto significa que debo escudriñar mi propio corazón. ¿Estoy tratando de ensalzarme por medio de los logros y comportamiento de mi hija? ¿Es mi principal preocupación su felicidad o su santidad? ¿Es realmente glorificar a Dios la pasión que impulsa mi propia vida? Estas preguntas me llevan a la cruz. Me llevan a suplicar por la gracia y sabiduría de Jesús.

Es desde esta perspectiva que podemos percibir la singularidad particular de la mujer como creación de Dios.

EL DESIGNIO DE LA CREACIÓN DE LA MUJER

En Génesis 2 leemos: "Y dijo Jehová Dios: No es bueno que el hombre esté solo; le haré ayuda idónea para él" (v. 18).

¿Por qué no era bueno que el hombre estuviera solo? Porque él fue creado a la imagen del Dios Trino. La unidad y diversidad de la Trinidad demandaba un portador de esta imagen que reflejara esta característica igual, pero diferente.

La igualdad no excluía la cualidad distintiva de cada género; antes bien, la igualdad permitía que la cualidad distintiva del hombre y de la mujer se complementaran tan bien que se fusionaban en una unidad misteriosa que reflejaba gloriosamente la unidad de la Trinidad.

El designio de ayuda idónea de la mujer llevó el huerto a un grado tal de plenitud que hizo que Dios declarara que "era bueno en gran manera".

Sin embargo, vivimos en una cultura cuya hostilidad contra este designio y orden ha arrasado por varias décadas. La filosofía feminista dice que igualdad significa semejanza e insiste en la independencia de los esposos y la familia. Ahora, las hijas de esas feministas están confundidas.

En su libro, *What Our Mothers Didn't Tell Us* [Lo que nuestras madres no nos dijeron], Danielle Crittenden escribe:

> Puede que en la destrucción de las barreras que ha tenido lugar a lo largo de una generación, también hayamos destruido el fundamento necesario para nuestra felicidad. Aparentar que somos iguales que los hombres —con necesidades y deseos similares— solo ha llevado a muchas de nosotras a descubrir, crudamente, cuán diferentes somos. Al exigir una independencia radical de los hombres y de nuestra familia, podríamos también haber abandonado ciertos convenios e instituciones que no siempre funcionaron perfectamente, pero hasta hace muy poco era la mejor manera de que la civilización dominara el débil corazón humano.[2]

La investigación y el análisis de la Sra. Crittenden son de ayuda; pero sus soluciones son deficientes, porque comienzan con la mujer y no con Dios. Ella, también, está buscando lo que pueda hacer felices a las mujeres, y ello es un viaje sin final.

Yo le pido a Dios que nuestras hijas puedan escribir libros que se titulen *Lo que nuestras madres nos dijeron* y que esos libros enaltezcan los propósitos de la creación de Dios y su designio para la mujer. Este es un designio que nunca caduca, porque trasciende tiempo y lugar. Es más grande que cualquier función en la vida, pero ejerce influencia sobre cada función. Es el designio estampado sobre nosotras en la creación. Es intrínseco en nosotras como mujeres.

Por lo tanto, vamos a analizar este designio de ayuda idónea de la mujer. En el Antiguo Testamento la palabra hebrea para *ayuda idónea* se usa principalmente para referirse a Dios como el que nos ayuda. Cuando consideramos cómo Dios nos ayuda, comenzamos a ver la riqueza y la fortaleza de esta palabra.

Moisés dijo que Dios fue el que lo ayudó; el que lo salvó de la espada de Faraón (Éx. 18:4).

En Salmos leemos que Dios es el que ayuda al desvalido, huérfano, necesitado y afligido (Sal. 10:14; 72:12; 86:17).

Se hace referencia a Dios como nuestra ayuda, sostén, fortaleza y escudo (Sal. 20:2; 28:7; 33:20).

Creo que estás captando la idea. Esta no es una palabra inconsistente, y no somos llamadas a una misión insignificante. Nuestro ministerio de ayuda es un ministerio de protección, consuelo y compasión. Yo abordo este tema en mi libro *Por diseño*:

> El designio de ayuda idónea es multidimensional. Diferentes mujeres mostrarán diferentes aspectos de este designio de varias maneras. La misma mujer podría mostrarlo de manera diferente en cada etapa de su vida... La fortaleza relacional de nuestro designio de ayuda idónea hace que las mujeres se apeguen intensamente a las personas y los propósitos. Nosotras no nos desapegamos tan fácilmente. Esta tenacidad capacita a las mujeres a perseverar en oración intercesora durante años. Innumerables madres han orado por hijos descarriados mucho después que otros perdieran las esperanzas...
>
> Vivimos en una cultura vacía de esperanza. El designio de ayuda idónea de la mujer nos califica exclusivamente a nosotras para llenar ese vacío y dar ayuda al proclamar "Oh esperanza de Israel, Guardador suyo en el tiempo de la aflicción" (Jer. 14:8).
>
> En el Salmo 146, las palabras ayudador (*ezer*) y esperanza están relacionadas. Esto es significativo. La ayuda separada de la esperanza es superficial y temporal. Es simplemente una medida provisional que substituye lo genuino. Sin embargo, esto es lo que nuestra cultura ofrece...
>
> La mujer que puede dar auténtica ayuda es aquella que ha llegado a un punto de desesperanza en ella misma que la conduce a la Palabra de Dios donde encuentra que su "ayudador es el Dios de Jacob", y su "esperanza está en Jehová su Dios". Por ello, está capacitada para ayudar a los demás, porque tiene una relación eterna con el Señor y está saturada con su Palabra. Ella les puede mostrar a los demás el único Objeto viable de esperanza al conducirlos a la única Fuente verdadera de esperanza. Esto es auténtica ayuda.[3]

El pecado arruinó ese designio, y ahora la mujer trata de reinventar la feminidad en sus propios términos. Dado que Satanás se infiltró en el huerto y convenció a Eva de intentar el camino de la independencia y el individualismo, las mujeres se han dedicado a buscar su propia felicidad. En este vacío independiente, el designio de ayuda no tiene sentido y es en vano.

Gracias a nuestra redención *podemos* llevar a cabo nuestro designio de ayuda idónea. Nuestra redención pone fin al reinado del pecado en nuestra vida y nos faculta para cumplir la misión por la que fuimos creadas. Y nuestro conocimiento del amor de nuestro Redentor por nosotras nos impele a hacerlo. En la comunidad del pacto, el designio de ayuda tiene sentido. Dos de las características de la vida del pacto son la comunidad y la compasión, y esto es exactamente lo que nuestro designio de ayuda nos habilita a cultivar. Nuestra fortaleza protectora y relacional nos prepara para fomentar un sentido de familia en el hogar y la iglesia y a ser canales de compasión hacia los desvalidos, los huérfanos, los necesitados y los afligidos.

ALGUNAS IMPLICACIONES PRÁCTICAS DEL DESIGNIO DE AYUDA IDÓNEA

La mujer redimida, que tiene una apología bíblica de la feminidad, tiene su propósito tan preciso y claro que le permite ser una verdadera ayuda. Ella aceptará su designio de ayuda idónea, por lo que animará y preparará a sus hijas para hacer lo mismo.

La ayudadora redimida será una mujer de oración. Ella defenderá de rodillas a su familia y la familia del pacto, y sus hijas querrán imitar su fortaleza abnegada.

La ayudadora redimida, cuyas sensibilidades de pacto han sido perfeccionadas, entiende la importancia de la virtud de la domesticidad y el ministerio de la hospitalidad. Pero ella sabe que esto es más que hornear su propio pan y tener un bello hogar decorado. La domesticidad significa devoción por la vida hogareña. Yo creo que la declaración más definitiva de domesticidad la hizo Jesús cuando dijo: "No se turbe vuestro corazón... En la casa de mi Padre muchas moradas hay; si así no fuera, yo os lo hubiera dicho; voy, pues, a preparar lugar para vosotros" (Jn. 14:1-2).

Domesticidad implica preparar un lugar seguro donde los corazones turbados puedan hallar descanso y consuelo, e integrar a nuestras hijas para este ministerio en nuestro hogar y nuestra iglesia. En un libro que toda mujer debería leer, el pastor del siglo XIX, John Angell James, dijo: "Cualquier cosa que corrompa el recato de la moralidad, las virtudes domésticas y la bondad convincente de la mujer, es un daño hecho a la comunidad".[4]

La ayudadora redimida no se centra en sí misma. Es la que lleva a sus hijos a visitar a los ancianos, así como más allá de las barreras sociales y culturales para extender los límites del pacto a los oprimidos, los necesitados y los afligidos. Y al hacer esto, educa a otra generación para vivir en términos de pacto.

La ayudadora redimida no casada entiende que ha de ser una madre en Israel y que va a unirse a otras mujeres para ser ayudadoras corporativas en la comunidad de pacto de Dios.

La ayudadora redimida valora la cualidad distintiva de los hombres y las mujeres, porque sabe que este es el designio y orden de Dios. No se siente amenazada por el liderazgo del hombre, pues sabe que la sumisión no tiene nada que ver con la posición. La sumisión tiene que ver con función. Es la manera en que Dios ha ordenado la vida en el reino, y es bueno porque Él es bueno. Este es un reflejo de la igualdad ontológica y, no obstante, de la diferencia funcional en la Trinidad. Liderazgo y sumisión son los medios ordenados por Dios para lograr la unidad en el matrimonio. Ella sabe que la sumisión no es un lista legalista de comportamientos o una pasividad absurda. Ella entiende que no se trata de lógica, sino de amor. Es incomprensible para la lógica que Jesús se despojara de todas las glorias del cielo para poder darnos la gloria del cielo. Filipenses nos dice:

> "Haya, pues, en vosotros este sentir que hubo también en Cristo Jesús, el cual, siendo en forma de Dios, no estimó el ser igual a Dios como cosa a que aferrarse, sino que se despojó a sí mismo, tomando forma de siervo, hecho semejante a los hombres; y estando en la condición de hombre, se humilló a sí mismo, haciéndose obediente hasta la muerte, y muerte de cruz" (Fil. 2:5-8).

Jesús nos ama tanto que acepto voluntariamente morir en la cruz. Su mandato es que las esposas se sometan a su esposo. Este es un regalo que le damos voluntariamente al hombre que hemos prometido amar, en obediencia al Salvador que amamos. La ayudante redimida sabe que la sumisión no la reprime; en realidad, la libera para cumplir su designio de ayuda idónea. Y al vivir a la luz de esta verdad, sus hijas observan y aprenden.

> Hay un versículo interesante en el Salmo 144 (NVI): "... nuestras hijas como columnas esculpidas para adornar un palacio" (v. 12).
>
> Una columna, de acuerdo al diccionario, es "un soporte; una persona que ocupa una posición central o de responsabilidad". Algunos de los significados de la palabra raíz hebrea que se usa aquí son: "dar asistencia, defender, dar estabilidad, aunar". Las ideas de apoyo y protección son claras en este simbolismo. En resumen, alguien que ayuda sirve de apoyo al proteger, sustentar, respaldar, estimular, dar asistencia, defender y dar estabilidad.[5]

¿CÓMO TRANSFERIR EL LEGADO DE LA FEMINIDAD BÍBLICA A NUESTRAS HIJAS?

Esto no es precisamente una lista exhaustiva de sugerencias, sino una forma de echarnos a andar.

Primero, debemos recordar que Dios nos ha dado todos los recursos que necesitamos. Nos ha dado su Espíritu Santo. Tenemos justamente el poder de Dios en nosotras que nos da la gracia y la sabiduría para la tarea, y debemos orar para que este mismo poder obre en nuestras hijas. Es el poder del evangelio que las transformará.

> "Porque no me avergüenzo del evangelio, porque es poder de Dios para salvación a todo aquel que cree; al judío primeramente, y también al griego" (Ro. 1:16).

> "Por tanto, nosotros todos, mirando a cara descubierta como en un espejo la gloria del Señor, somos transformados de gloria en gloria en la misma imagen, como por el Espíritu del Señor" (2 Co. 3:18).

Él nos ha dado su Palabra. Nosotras debemos enseñar diligentemente a nuestras hijas la verdad bíblica y orar para que el Espíritu Santo aplique esa verdad en sus corazones.

> "¿Con qué limpiará el joven [o la joven] su camino? Con guardar tu palabra... En mi corazón he guardado tus dichos, para no pecar contra ti" (Sal. 119: 9, 11).

Él nos ha dado el privilegio de la oración. Deberíamos pedirle a Dios que coloque cercos de protección alrededor de nuestras hijas. Selecciona porciones de las Escrituras, y ora con esos pasajes por la vida de tu hija. Por ejemplo, ora para que ella confíe en el Señor con todo su corazón y no se apoye en su propia prudencia; que ella lo reconozca en todos sus caminos y que Él enderece sus veredas. Ora para que no sea sabia en su propia opinión, sino que tema al Señor y se aparte del mal (ver Pr. 3:5-7). Ora conforme a Proverbios 31 por ella.

El Señor nos ha dado la iglesia. La familia del pacto es parte de nuestra herencia como miembros de la familia de Dios. La iglesia es "columna y baluarte de la verdad" (1 Ti. 3:15), y los padres creyentes tienen el recurso inigualable de la enseñanza y las relaciones que allí se desarrollan. Louis Berkhof escribió:

> Ahora bien, los hijos del pacto son adoptados para formar parte de una familia que es infinitamente superior a la familia de cualquier hombre de abolengo o nobleza. Son adoptados para formar parte de la familia del pacto del Dios mismo. Aun en la tierra tienen el privilegio de unirse en compañía de los redimidos, los santos de Dios. Ellos toman su lugar en la iglesia de Jesucristo, que está en la Jerusalén celestial.[6]

Yo creo que cuando les enseñemos la verdad bíblica de la feminidad a nuestras hijas, y ellas vean la maravilla y substancia de esta realidad que se vive entre las mujeres cristianas, se deslumbrarán y florecerán.

> *"El justo florecerá como la palmera;*
> *Crecerá como cedro en el Líbano.*
> *Plantados en la casa de Jehová,*
> *En los atrios de nuestro Dios florecerán.*
> *Aun en la vejez fructificarán;*
> *Estarán vigorosos y verdes,*
> *Para anunciar que Jehová mi fortaleza es recto,*
> *Y que en él no hay injusticia"* (Sal. 92:12-15).

Segundo, la lucha por recuperar la feminidad bíblica es una batalla espiritual, y para ello debemos utilizar cada arma que Dios ha proporcionado. No podemos negar el hecho de que hemos respirado aire feminista durante varias décadas. Este veneno nos ha infectado. Criar hijas que se comprometan con la perspectiva bíblica de la feminidad será como estar parado ante una ola sísmica. Pero debemos estar firmes.

> "Por lo demás, hermanos míos, fortaleceos en el Señor, y en el poder de su fuerza. Vestíos de toda la armadura de Dios, para que podáis estar firmes contra las asechanzas del diablo. Porque no tenemos lucha contra sangre y carne, sino contra principados, contra potestades, contra los gobernadores de las tinieblas de este siglo, contra huestes espirituales de maldad en las regiones celestes. Por tanto, tomad toda la armadura de Dios, para que podáis resistir en el día malo, y habiendo acabado todo, estar firmes" (Ef. 6:10-13).

Tercero, debemos enseñar a nuestras hijas que vivir para la gloria de Dios está más allá de su capacidad. Es una obra de la gracia.

Deberíamos enseñarles a ir a la cruz para recibir gracia y misericordia, y luego convertirse en una corriente de gracia y misericordia para los demás. Ellas aprenderán mejor si nos ven a nosotras vivir de esa manera.

Cuarto, debemos enseñar a nuestras hijas acerca de la feminidad bíblica "estando en [nuestra] casa, y andando por el camino, y al [acostarnos], y cuando [nos levantemos]" (Dt. 6:7). Con nuestra vida, estamos enseñando una manera de vivir.

John Angell James, el pastor del siglo XIX citado anteriormente, escribió que nuestros hijos aprenden en el transcurso de las circunstancias cotidianas.

> Son los sentimientos que dejas traslucir ocasionalmente y las conversaciones que ellos alcanzan a oír cuando juegan en un rincón de la habitación, lo que hace más efecto que muchas de las cosas que les dices directamente... Tu ejemplo los educará: tus conversaciones con tus amigos, los negocios que te vean realizar, las opiniones positivas o negativas que expresas; estas cosas los educará... la educación de las circunstancias... es de un efecto más constante y poderoso, y de muchas más consecuencias para el hábito, que la que es clara y directa. Esta educación funciona en todo momento; es como el transcurso del tiempo; no lo puedes detener ni alterar.[7]

Quinto, no debemos ser ingenuas. Debemos ser sabias, como los hijos de Isacar: "De los hijos de Isacar, doscientos principales, entendidos en los tiempos, y que sabían lo que Israel debía hacer, cuyo dicho seguían todos sus hermanos" (1 Cr. 12:32). Debemos ser conscientes de las influencias culturales, y debemos advertir a nuestras hijas de los peligros de la impiedad.

¿Qué clase de mujeres hará falta para educar hijas femeninas? Harán falta verdaderas mujeres.

LA MUJER VERDADERA

En un libro que lleva este mismo título doy la siguiente explicación:

> El diccionario define *verdadero* como "consecuente con un hecho o realidad; exactamente conforme a una regla, norma o patrón"...
>
> La mujer verdadera es legítima. Es una obra maestra genuina y auténtica. El Maestro ha puesto eternidad en su corazón y la está conformando a

su propia imagen. Hay una congruencia en su vida externa, como resultado de su vida interna. Esta realidad es su redención.

La mujer verdadera es un reflejo de su redención... Mediante el poder transformador del evangelio, la mujer cristiana recibe la capacitación del Espíritu de Dios para ser el reflejo creciente de su Salvador y, de este modo, de una mujer verdadera...

Cuando le diagnosticaron cáncer a mi amiga Sharon Kraemer, su respuesta fue: "Confío que Dios usará esto para hacerme conocer un aspecto más profundo de su amor por mí". No volví a ver a Sharon hasta varias semanas después de la cirugía y varias sesiones de quimioterapia, y apenas la vi, me quedé sin aliento. No era porque su cuerpo y su cabello estaban muy delgados. Lo que me impresionó fue la absoluta paz y amor que irradiaba Sharon. Estaba inundada de un esplendor innegable. Solo pude exclamar: "Sharon, debes haber estado pasando momentos increíbles con el Señor". Ella no necesitó responderme. La evidencia estaba a la vista.

Esta es la esencia de una mujer verdadera. A pesar del tiempo en la historia que ella habite esta tierra, es alguien que vive en la presencia de la gloria. Su carácter redimido es resultado de la obra transformadora y vivificante de la Palabra y el Espíritu de Dios. Puesto que ella está en la misma morada del Señor Dios, su reflejo de Él se manifiesta en cada relación y circunstancia de la vida. Esta característica distintiva de su vida es la presencia de Dios que irradia a todos los que la ven. La vida de la mujer verdadera no está dividida en consagrada y secular. Toda la vida es consagrada, porque se vive en la presencia de Dios. La mujer verdadera es un verdadero reflejo de la gloria de Dios.[8]

Recientemente, mi nieta, Mary Kate, hizo pública su profesión de fe y pasó a ser miembro pleno de su iglesia. Tres generaciones de mujeres en nuestra familia se sentaron juntas y observaron a la cuarta generación entregarse a Jesucristo como cada una de nosotras ha hecho. Hubo una ráfaga de gratitud por la fidelidad del pacto de Dios para la familia, y un profundo sentido de responsabilidad para transferir el legado de feminidad bíblica. Mary Kate, y la generación de hijas del pacto que ella representa, no vislumbra las batallas a librar. Pero, en cierta medida, nosotras sí. Y estamos destinadas en términos de pacto a "[enseñar] a las mujeres jóvenes a amar a sus maridos y a sus hijos... [presentándonos] en todo como ejemplo de buenas obras; en la enseñanza mostrando integridad, seriedad... aguardando la esperanza bienaventurada y la manifestación gloriosa de nuestro gran Dios y Salvador Jesucristo, quien se dio a sí mismo por nosotros para redimirnos de toda iniquidad y purificar para sí un pueblo propio, celoso de buenas obras" (Tit. 2:4, 7, 13-14).

Que Dios nos dé gracia y sabiduría, y nos conceda hijas que tengan la pasión de vivir para Él y reflejar su gloria.

EL CORAZÓN MATERNAL DE UNA MADRE

Dorothy Kelley Patterson

SI ERES MUJER, ya seas casada o soltera y tengas hijos físicos o no, posees un espíritu maternal en tu misma naturaleza. Dios mismo te ha dado ese instinto maternal y es una parte esencial de su plan de reproducir su corazón en la generación siguiente.

A veces, puede que una mujer considere su maternidad como una carga pesada; algo que interfiere en su vida, profesión o ministerio. Es necesario que el Señor santifique el espíritu maternal de una mujer para que pueda usarlo cuándo y cómo Él quiera. Déjame contarte mi propia experiencia para ilustrar este proceso de entrega.

Paige Patterson y yo nos casamos mientras ambos éramos estudiantes de la Universidad de Hardin-Simmons. En ese momento, me encontraba dedicada a mis estudios de griego, y no se me ocurría la posibilidad de quedar embarazada en medio de la inmensa tarea de prepararme para traducir el Nuevo Testamento griego. Mi profesor de griego nos había anunciado desde el principio que debíamos estar presentes en todas las clases para aprobar la materia.

Cuando quedé embarazada a mitad del semestre, se me cruzó el pensamiento: *Señor, tú sabes que estoy cursando esta clase de griego, además de otras clases difíciles. Mi idea es completar mis estudios en un año. ¿Es realmente apropiado este lapso de tiempo?*

A las pocas semanas y sin aviso, comencé a tener pérdidas con el peligro de perder al bebé. Inmediatamente, me puse a hacer reposo completo en cama en un esfuerzo por salvar la vida que se estaba formando en mi vientre. Mi esposo me traía mis tareas de clase a la casa para ayudarme a mantenerme al día. Incluso, el profesor de griego vino a casa para ayudarme con los estudios de la materia; pero mi enfoque estaba en tratar de proteger aquella vida en mi vientre. Mis estudios universitarios, de repente, habían pasado a segundo plano.

Al pensar nuevamente en ese tiempo, creo que el Señor quería llamar mi atención. Por razones que solo Él conoce, perdí ese bebé con gran dolor y sola en mi casa. Atravesé un período de gran desaliento y angustia. De repente, toda mi atención se centró en la maternidad. Ya no me importaban para nada mis estudios de griego o cualquier aspecto de mi formación académica.

Algunos meses después de perder el bebé, en un examen de rutina, el doctor descubrió un quiste en mi sistema reproductivo. En ese momento, no era tan simple determinar si el quiste era benigno o cancerígeno. El doctor decidió vigilarlo cuidadosamente. En unos meses, el quiste había crecido mucho y se había entrelazado en mis ovarios, por lo que al año me tuvieron que someter a una intervención quirúrgica delicada. El doctor tenía pocas esperanzas de poder salvar mis ovarios, por lo que me hizo firmar un formulario que reconocía que estaba renunciando a mi fertilidad. Me sometí a esa intervención quirúrgica con muchos temores y poca esperanza. El doctor tuvo que extraer parte de ambos ovarios. Aunque no podía darme ningún aliento, me aferré a la esperanza de que no sería infértil ni estéril. Más que nunca anhelé la oportunidad de dar a luz y criar a un hijo.

Algunos años más tarde volví a quedar embarazada. Esta vez el embarazo llegó a término sin complicaciones. Comencé con las contracciones un sábado por la noche. Todo parecía ir bien. A la mañana siguiente, mientras seguía con el trabajo de parto, mi doctor me dijo: "Voy a llevar mi sobre de diezmo a la iglesia y regreso enseguida". En el breve tiempo que le llevó caminar dos cuadras hasta la iglesia y de regreso al hospital, en mi vientre el bebé se encargó de dar un tirón a su cordón umbilical. De repente, se había quedado sin oxígeno. Cuando el doctor se dio cuenta de lo sucedido, buscó de prisa a mi esposo para enviarle el desventurado mensaje de que el niño nacería muerto. Él le pidió permiso a Paige para hacerme cesárea con la opinión de que el bebé estaba muerto.

Paige me conocía suficientemente bien, por lo que respondió rápida y firmemente: "Doctor, hágale la cesárea lo más rápido que pueda. Usted haga su parte para salvar al bebé, y dejemos esto en las manos de Dios". Ciertamente, Dios fue misericordioso, porque nos dio a Paige y a mí un maravilloso hijo, perfectamente saludable a pesar de haberse quedado sin oxígeno durante los catorce minutos que les tomó llevarme a la sala de operaciones, hacer la incisión y extraer al bebé. El Señor nos confió ese precioso hijo —Armour Paige Patterson— para criarlo en el Señor. Dios me había enseñado otra vez una valiosa lección para el ministerio que iba a tener con las mujeres. Las mujeres tienen que aprender y después recordar una y otra vez el valor de la vida y de nuestro exclusivo llamado a ser dadoras de vida.

Varios años después, volví a tener la oportunidad de dar a luz una vida cuando Dios nos bendijo con una hija. El doctor había decidido que la criatura naciera antes, porque era necesario hacer una cesárea. Sin embargo, no calculó bien la fecha de alumbramiento; en vez de extraerla dos semanas antes, la extrajo un mes antes. Como resultado, nuestra niñita contrajo la enfermedad de la membrana hialina. A las horas de su nacimiento, el doctor vino y me dijo que mi niña estaba gravemente enferma y que no iba a sobrevivir. En ese entonces, el único centro neonatal se encontraba en la ciudad de Nueva York, y nuestra diminuta hija estaba demasiado débil para ser trasladada. Ella nació un viernes; y el sábado a la noche, mientras cristianos de todo el país estaban orando, Dios tocó a mi pequeña niña. Nuestra hermosa Carmen es encantadora, y ahora es madre de nuestras dos nietas. Cuán agradecida estoy que Dios le diera a esta mujer infértil y estéril —a mí, a esta mujer que fracasó en su primera prueba—, otra oportunidad de dar a luz y criar una vida.

La maternidad que Dios colocó en mi naturaleza, sin embargo, no ha estado dedicada solo a nuestros hijos biológicos, aunque ellos definitivamente son los primeros de la lista. Con los años, Dios ha traído muchas personas jóvenes a los sillones de mi sala y a la mesa de mi cocina, donde he tenido la oportunidad de derramar en sus vidas el amor y la protección que Dios mismo ha colocado en mi corazón.

A menudo les recuerdo a las mujeres que las experiencias maternales que Dios tiene para nosotras no siempre vienen en patrones preconcebidos. Tú no tienes que tener un hijo biológico nacido en tu hogar; no tienes que limitarte a ciertas etapas de la vida. Debes estar dispuesta y lista para usar tu maternidad como Dios lo considere adecuado. Si es así, pienso que estarás tan emocionada como yo de haber unido tus manos con las del Creador Dios para dar a luz y cuidar de una vida. ¡No hay otro llamado más supremo!

UN MODELO BÍBLICO A IMITAR

El Antiguo Testamento nos presenta un maravilloso modelo a imitar. Su historia nos brinda varias ideas de lo que significa tener un corazón maternal y protector. Los primeros versículos de 1 Samuel nos presentan la situación.

> Hubo un varón de Ramataim de Zofim, del monte de Efraín, que se llamaba Elcana... Y tenía él dos mujeres; el nombre de una era Ana, y el de la otra, Penina. Y Penina tenía hijos, mas Ana no los tenía.
>
> Y todos los años aquel varón subía de su ciudad para adorar y para ofrecer sacrificios a Jehová de los ejércitos en Silo, donde estaban dos hijos de Elí, Ofni y Finees, sacerdotes de Jehová. Y cuando llegaba el día en que Elcana ofrecía sacrificio, daba a Penina su mujer, a todos sus hijos y a todas sus hijas, a cada uno su parte. Pero a Ana daba una parte escogida; porque amaba a Ana, aunque Jehová no le había concedido tener hijo. Y su rival la irritaba, enojándola y entristeciéndola, porque Jehová no le había concedido tener hijos. Así hacía cada año; cuando subía a la casa de Jehová, la irritaba así; por lo cual Ana lloraba, y no comía. (1 S. 1:1-7)

El período en el cual tuvo lugar esta historia está registrado como uno de los días más sombríos de la historia de Israel. El libro de los Jueces termina con estas célebres palabras: "En estos días... cada uno hacía lo que bien le parecía" (Jue. 21:25).

No solo la nación estaba atravesando días sombríos, sino también era una etapa difícil para Ana y su marido. Elcana era un levita que tenía dos esposas. Ana, la primera esposa y la preferida, era estéril e infértil. Tal vez, igual que Sara que había decidido encargarse de su problema y llevarle una concubina a su marido, Abraham; Elcana también podría haber decidido encargarse de su problema y sumar otra esposa. Puede que Ana incluso hubiera estado implicada en esta trágica decisión. Las Escrituras no nos dicen cómo sucedió la desdichada situación. Simplemente menciona que había dos esposas. Ana, cuyo nombre significa "gracia", ejemplificaba el significado de su nombre. Ella obviamente tenía una relación vital con el Señor y perseveraba en sus caminos. La segunda esposa era Penina. Penina tenía hijos, pero Ana no.

La historia de Ana nos ilustra que, dondequiera que estemos y cualesquiera que sean las circunstancias de nuestra vida, Dios nunca nos olvida ni nos abandona. Eso no significa que no vayamos a experimentar decepciones o pérdidas; las Escrituras dicen claramente que los creyentes sufrirán. Tal vez sea una señal de la confianza de Dios cuando Él retira su mano de una mujer piadosa —aunque sea por un breve tiempo— y permite que atraviese angustia y aflicción. Pienso en mujeres que conozco que han atravesado grandes aflicciones y pruebas, pero han mantenido una firme confianza en el Señor. Yo también quiero tener la clase de relación con el Señor que me permita alabarle, incluso en las etapas más dolorosas de la vida.

El pasaje bíblico nos dice que Elcana les daba a Penina y a cada uno de sus hijos e hijas "su parte". "Pero a Ana daba una parte escogida; porque amaba a Ana, aunque Jehová no le había concedido tener hijo" (1 S. 1:5). Aunque Ana no había podido concebir hijos o hijas, su esposo la amaba entrañablemente. Elcana le demostraba su amor a Ana, aunque no hubiera engendrado los hijos que tanto deseaban.

Permíteme hacer una observación a modo de paréntesis aquí. Madres, cuando estén criando a sus hijos, recuerden que el hombre que estaba allí, antes que llegaran los niños, es muy probable que siga allí mucho después que sus hijos se marchen. Sus esposos deben estar antes que sus hijos en sus prioridades espirituales. Desde luego, parte de la responsabilidad de una esposa con su esposo es cuidar de sus hijos, especialmente cuando los hijos son pequeños. Pero el hecho es que el esposo debe ser el amado, así como el amante de su mujer. Él debe complacer a la mujer del mismo modo que la mujer lo debe complacer a él. El hecho de tener hijos no debería afectar la relación de una mujer con su esposo y su responsabilidad de cuidar de él. Génesis 2:24 establece claramente el patrón de Dios para el matrimonio; un plan que incluye dejar al padre y a la madre, unirse a su cónyuge y ser una sola carne. No hay ningún indicio en la historia de Ana de que los hijos sean un prerrequisito para un matrimonio cálido, íntimo, espiritual y amoroso. Elcana amaba a Ana, aunque el Señor no le había concedido tener hijo.

Dos veces en este pasaje se atribuye la esterilidad de Ana al hecho de que "el Señor no le había concedido tener hijos" (vv. 5-6). Se nos recuerda una verdad fácilmente olvidada: que no tenemos control sobre la vida y la muerte. Suelo hablar con jóvenes parejas del seminario que han hecho planes para los próximos cinco años, que incluyen precisamente cuándo pretenden tener sus hijos en medio del ajetreo de sus vidas. Sin embargo, Dios no trabaja en base a programas humanos.

Mujeres jóvenes han venido a mi oficina o al salón de mi casa, llorando porque hace seis meses... un año... o dos años... que están intentando tener un hijo. Además de escuchar el dolor de su corazón y secar sus lágrimas, en algunos casos he tenido que señalarles delicadamente: "Has estado casada durante cierta cantidad de años, pero tu infertilidad ha llegado recién ahora a ser tu preocupación, porque concebir un hijo no estaba en tus planes hasta ahora". Aunque no estoy debatiendo sobre los métodos anticonceptivos o los embarazos programados, quiero advertir contra el error de ponerle plazos a Dios. Cada mujer que ha escogido casarse debería estar dispuesta a usar la maternidad que Dios le dio para engendrar una vida y cuidar de ésta. Las mujeres son una parte importante del plan de Dios para engendrar y preparar a la generación siguiente. Yo aprendí esta lección a comienzos de mi propia vida, como ya he contado.

Cuando mi esposo y yo constituimos nuestro hogar, el aborto no estaba en consideración. No era una opción. Pero ahora me tengo que preguntar: "Si me hubiera encontrado en la situación de un embarazo complicado en los últimos años, ahora que el aborto es tan común y la terminología de la 'alternativa' se emplea incluso en las comunidades religiosas y los 'expertos' sugieren que terminar con un embarazo no planificado podría ser lo mejor para el niño, ¿cuál hubiera sido mi respuesta?".

Los fatalistas se lamentan al decir que no quieren traer hijos, que no puedan sostener dignamente, a este mundo cruel. Ellos no quieren traer al mundo un hijo que no pueda vivir una vida "digna" y no sea "próspero". Las mujeres han caído en el engaño de creer que tienen el derecho de optar por la vida o no y de determinar qué calidad de vida es aceptable. Las mujeres cristianas deben reconocer que estas decisiones no les pertenecen, y que los asuntos de la vida y la muerte deben entregarse a la suprema autoridad de Dios.

La situación penosa de Ana se agravaba más por la presencia de Penina, que "irritaba" duramente a Ana y trataba de hacerla sentir desdichada, porque Dios no le había concedido tener hijos. Penina usaba la infertilidad de Ana como una herramienta para maltratar a su rival, y lo hacía continuamente ("año tras año", 1 S. 1:7). Después de un período de tiempo de esterilidad y humillaciones por parte de Penina, no es de sorprenderse que Ana se encontrara en un estado de desconsuelo y desesperación.

Elcana estaba atento a la aflicción de su esposa y hacía todo lo posible por consolarla (v. 8). Pero Ana sabía que el único lugar donde ella podría encontrar verdadero consuelo era en el Señor (v. 10). Esa seguridad es una de las primeras cualidades de una mujer de fe. Si tú aspiras a ser una madre comprometida con el Señor, si vas a ejercer la maternidad que Dios ha colocado en tu misma naturaleza de modo que a Él le agrade, tienes que saber que Dios es el único que puede darte lo que necesitas. Solo Él puede hacer de ti lo que necesitas ser.

Ana sabía que Él era el único que podía ofrecerle ayuda y esperanza a su corazón herido. Cuando ella se presentó delante del Señor con amargura de alma, oró y lloró abundantemente; y al hacer voto dijo: "Jehová de los ejércitos..." (v. 11). Cuando tú clamas al Señor y le dices "Jehová de los ejércitos", puedes visualizar un gran ejército en el horizonte y al Señor al frente de la fuerza de rescate. Ana debió haber tenido la revelación del Señor como Aquel que verdaderamente está al frente de la batalla. Ella demostró una fe profundamente arraigada al dirigirse al Señor e invocar su fuerza y poder. Ella estaba diciendo: "Yo sé que Él es capaz. Yo sé que Él puede hacerlo".

Observa la secuencia de la oración de Ana. Ella expresó adoración cuando se dirigió a Dios como "Jehová de los ejércitos". Ella reconoció su poder. Luego presentó su queja delante de Él. En efecto, clamó: "Estoy luchando con esto, Señor. Soy estéril. No entiendo por qué me has dado la espalda". Ana reconocía que solo Dios podía hacer algo con su penosa situación, por lo que presentó su súplica más ferviente delante de Él: "si te dignares mirar a la aflicción de tu sierva, y te acordares de mí" (v. 11). En otras palabras, ella le recordó al Señor su propia fidelidad.

A veces, he tenido la osadía de recordarle al Señor la fidelidad de mis padres y de mis abuelos. Pero cuando realmente estoy sufriendo le digo: "¡Señor! Aquí estoy; hemos intentado hacer tu voluntad; no te olvides de mi madre y de mi padre, y de la madre y del padre de Paige, recuerda cómo caminaron fielmente delante de nosotros. ¿Y qué me dices de nuestros abuelos, Señor?". El Señor conoce todo aquello, pero yo quiero que Él recuerde cuán importante es todo aquello para mí. Él quiere que yo vaya a Él y me dé cuenta de que tiene toda la historia, incluso nuestras generaciones venideras, en sus manos.

Ana le rogó al Señor que no se olvidara de ella. Después le presentó directamente su petición. Osadamente, le pidió un hijo varón. ¿Por qué piensas que ella hizo aquello? ¿Piensas que fue porque no le gustaban las niñas? ¿O tal vez porque pensaba que las niñas eran demasiado quisquillosas y difíciles de vestir? No creo que fuera ese el motivo. Su pedido había sido cuidadosamente forjado en su mente y corazón. Ella le pidió un hijo varón, porque quería entregarle de vuelta ese hijo al Señor para que lo usara de un modo especial. Su maternidad, ese instinto de protección en su corazón, respondió: "Señor, este hijo será mi ofrenda para ti".

Cuando me presente a rendir cuentas delante del Señor Jesucristo y tenga la oportunidad de dejar mis coronas a sus pies, las coronas más valiosas que tendré para ofrecerle no serán las conferencias donde he estado hablando o los libros que he escrito. La ofrenda más preciada que estoy preparando para el Señor Jesús cada día de mi vida son mis hijos. El Señor me libre de presentarme delante de su trono sin poder entregar a sus pies las vidas de Armour, Carmen y Mark y mis preciosas nietas, Abigail y Rebekah. Ellos han sido los receptores de mi energía y creatividad: de mi vida. La crianza de mis hijos ha sido una tarea maravillosa y un privilegio precioso.

Ana tenía el mismo corazón maternal, el mismo anhelo maternal que yo tuve. Ella le dijo al Señor: "Dame un hijo" (ver v. 11). Después le presentó su voto. Su oración no fue simplemente "Dame, dame". Ella le dijo al Señor: si le "das un hijo a tu sierva, yo lo dedicaré al Señor por todos los días de su vida". Ana incorporó parte del voto nazareo en su compromiso con Dios, al prometer que nunca pasaría navaja por la cabeza de su hijo.

Hay una aplicación práctica sugerida aquí, que yo he usado con mis hijos adultos en ocasiones. Ana fue osada al hacer un compromiso, incluso por su hijo. Las Escrituras respaldan a estas madres. En el libro de Proverbios, por ejemplo, las instrucciones dadas a los hijos no son para hijos bebés o niños; sino, antes bien, para hijos adultos, a quienes se exhorta: "no desprecies la dirección de tu madre" (1:8). Las madres deben comunicar verdades espirituales a sus hijos a fin de fortalecerlos. Incluso se exhorta a los hijos adultos a escuchar respetuosamente la ley de Dios transmitida tanto por sus padres como por sus madres. Por lo tanto, aquí, yo creo que Ana está reclamando esa función en la vida de su hijo.

Cuando Elí, el sacerdote, vio a Ana que intercedía intensamente, sacó una conclusión errada y habló duramente acerca de ella. Algunos hombres ven a una mujer quebrantada emocionalmente, y no entienden; puede que incluso hagan acusaciones crueles o falsas. ¿Qué hizo Ana? ¿Le habló ásperamente a Elí o trató de ponerlo en su lugar? No, ella le respondió respetuosamente.

Recuerda la bienaventuranza sobre "los pobres de espíritu", los humildes (Mt. 5:3). Ana era de característica humilde. Le habló humildemente a Elí (1 S. 1:13-16). La mujer posee la influencia y el poder de persuasión que Dios le dio, por lo que puede dirigirse osadamente ante su trono. ¿Quién puede persuadir al Señor más eficazmente que una mujer humilde que expresa sus anhelos delante de Él? Dios se conmueve cuando la mujer se acerca a Él en humildad, con pasión en su corazón por sus hijos y su esposo.

Cuando Elí se dio cuenta de la naturaleza de la carga de Ana, le dio aliento. Ana respondió simplemente: "Halle tu sierva gracia delante de tus ojos" (1 S. 1:18). Recordemos también a María de Nazaret que dijo: "hágase conmigo conforme a tu palabra" (Lc. 1:38).

Ahora, Ana estaba conforme, pues había recurrido al Señor, y su pedido había sido reconocido por el representante de Dios. Elí le había dado una buena palabra, y su comportamiento había cambiado de inmediato; su rostro ya no estaba triste. Su confianza estaba en el Señor. Ella había hecho su parte; ahora regresaba a casa y esperaba que Dios cumpliera su promesa.

Comenzando en 1 Samuel 1:19, vemos los ciclos en la vida de una mujer. Ana experimentó la concepción; luego siguió el período de embarazo. A su debido tiempo, dio a luz. Llamó su nombre Samuel, pues dijo que se lo había pedido al Señor. Ana sabía en lo íntimo de su corazón que se lo había pedido, y el Señor la había escuchado y le había respondido.

La imagen de Ana amamantando a su hijo en su pecho (v. 23) describe la tremenda capacidad de amor que hay en el corazón de una madre. Dios usa la relación de una madre que amamanta a su hijo para describir la profundidad de su amor y compasión, y compara esta relación con la relación que Él tiene con su pueblo (Is. 49:15).

Las madres tienen la primera oportunidad de presentar a Dios a sus niños. Antes que un niño aprenda a hablar o leer la Biblia o memorizar los versículos bíblicos, aprende acerca de Dios y de cómo Él cuida de su vida a través del contacto con su madre y de su amor, sustento y protección. Las madres de Samuel y de Moisés solo tuvieron sus hijos con ellas durante los primeros años de crianza. Sin embargo, en aquel breve tiempo pudieron darles a sus hijos todo lo que necesitaban para poder estar firmes en el Señor y llegar a ser grandes líderes para Él.

El Señor le concedió la petición a Ana, y ella cumplió el voto que había hecho ante Él. Tan pronto como su hijo fue destetado, ella lo entregó a la casa del Señor en Silo. Samuel sirvió al Señor y a su nación fielmente e hizo que su madre se sintiera orgullosa de él. Aunque Ana tuvo a su hijo dentro del círculo familiar solo por unos pocos años, dejó una marca en su vida; ella lo nutrió física y espiritualmente. Sus esfuerzos fueron recompensados con un hijo que fue fiel al Señor (1 S. 2:26; 3:19-20). Dios nos concedió el privilegio, igual que a Ana, de poder cumplir alegremente nuestro santo llamado a ser dadoras de vida y cuidar de las vidas que Él nos ha confiado, a fin de poder entregárselas nuevamente para su servicio.

QUE LAS MUJERES MAYORES INSTRUYAN A LAS JÓVENES: TITO 2 EN LA IGLESIA DE HOY

Susan Hunt

Pero tú habla lo que está de acuerdo con la sana doctrina… Las ancianas asimismo sean reverentes en su porte; no calumniadoras, no esclavas del vino, maestras del bien; que enseñen a las mujeres jóvenes a amar a sus maridos y a sus hijos, a ser prudentes, castas, cuidadosas de su casa, buenas, sujetas a sus maridos, para que la palabra de Dios no sea blasfemada.

TITO 2:1, 3-5

¡ESTE MANDATO ES APASIONANTE! Tito estaba pastoreando una iglesia en la isla de Creta. La cultura predominante era pluralista y decadente. De todas las cosas que Pablo pudo haberle dicho a Tito, con respecto a lo que debían hacer las mujeres para combatir esa decadencia, puso especial atención sobre la importancia de que las mujeres mayores inspiraran y enseñaran a las mujeres jóvenes a vivir una vida piadosa.

Esto no era un concepto nuevo. A lo largo de todo el Antiguo Testamento se dijo que una generación debía anunciar a la siguiente generación las obras admirables del Señor. En Tito 2, esta característica de la vida de pacto se atribuye simplemente a un género particular. Esta cualidad fundamental de la cultura de la vida de pacto trasciende el tiempo, la geografía, las etapas de la vida y las circunstancias de la vida.

Por todas partes encuentro mujeres jóvenes que anhelan tener una madre espiritual. Algunas expresan una sensación de soledad; y, sin embargo, ni siquiera se dan cuenta de que el aislamiento que sienten se debe a que no tienen una relación con una mujer mayor que las instruya. Nuestra era posmoderna se caracteriza por el aislamiento. El movimiento feminista hizo muchas promesas, pero sus reclamos de independencia y autonomía han dejado a las mujeres confundidas y solas. Esta es nuestra oportunidad. Es el tiempo oportuno. Las mujeres están buscando respuestas. Es tiempo de que las mujeres cristianas ocupen este vacío y expliquen la importancia de la verdadera feminidad.

Pero ¿dónde están las mujeres mayores?

Recientemente, he observado un fenómeno preocupante. Muchas mujeres de mi generación han renunciado a este supremo llamado de instruir a las mujeres jóvenes. Mi generación ha abandonado este llamado por muchas razones. Algunas simplemente no conocen este mandato bíblico. Hace muchas décadas que la iglesia no pronuncia este llamado. Algunas piensan que no tienen nada que ofrecer. Algunas están intimidadas por la inteligencia y el talento de las mujeres jóvenes. Algunas han decidido que ésta es la etapa para darse sus propios gustos. Algunas quieren dar a conocer sus experiencias de vida, pero se sienten aisladas de las jóvenes y no saben cómo salvar esas diferencias.

Intenté convencer a la iglesia que llamara y adiestrara a mujeres para este ministerio. Dios está dotando a su iglesia con mujeres jóvenes increíbles. Estas mujeres constituyen un fondo de inversión sagrado. Debemos ser buenas administradoras de este don. Muchas son primera generación de cristianas. Muchas están separadas de su grupo familiar por la movilización de nuestra sociedad. Debemos darles el ejemplo de nuestra fe y enseñarles cómo transmitir las verdades de la feminidad bíblica a la generación siguiente. Las implicaciones de aceptar o rechazar este llamado se verán en las generaciones venideras.

Al analizar el mandato de Pablo a Tito, tu mente podría alborotarse y preguntarte: ¿Soy una mujer mayor o joven? ¿Cómo son las relaciones maternales espirituales? ¿Cómo las encuentro? ¿Por qué debería hacer este tipo de inversión en la vida de una mujer joven?

Abordaremos estas preguntas, pero primero debemos detenernos a analizar el contexto en el cual se han de producir y vivir las relaciones maternales espirituales.

EL PACTO DE LA GRACIA

Dios se relaciona con nosotros conforme al pacto de la gracia.

> "Porque tú eres pueblo santo para Jehová tu Dios; Jehová tu Dios te ha escogido para serle un pueblo especial, más que todos los pueblos que están sobre la tierra. No por ser vosotros más que todos los pueblos os ha querido Jehová y os ha escogido, pues vosotros erais el más insignificante de todos los pueblos; sino por cuanto Jehová os amó, y quiso guardar el juramento que juró a vuestros padres, os ha sacado Jehová con mano poderosa, y os ha rescatado de servidumbre, de la mano de Faraón rey de Egipto. Conoce, pues, que Jehová tu Dios es Dios, Dios fiel, que guarda el pacto y la misericordia a los que le aman y guardan sus mandamientos, hasta mil generaciones" (Dt. 7:6-9).

Nuestra relación con el Señor es personal, pero no es individualista. Cuando Él nos adopta para que formemos parte de su familia, nuestra relación con Él implica que también estamos relacionadas con sus demás hijos. Y nuestras relaciones unos con otros deben reflejar la relación de nuestro Padre con nosotros.

> "Pero el Dios de la paciencia y de la consolación os dé entre vosotros un mismo sentir según Cristo Jesús, para que unánimes, a una voz, glorifiquéis al Dios y Padre de nuestro Señor Jesucristo. Por tanto, recibíos los unos a los otros, como también Cristo nos recibió, para gloria de Dios" (Ro. 15:5-7).

¿De qué modo nos acepta Cristo? No es en base a nuestro desempeño, sino en base a su gracia. Nosotros no nos merecemos nuestra relación con el Señor. Todo es por medio de la gracia soberana desde la eternidad pasada, cuando puso su amor en nosotros, hasta el momento en la historia cuando nos dio un corazón nuevo para que pudiéramos arrepentirnos y creer, y hasta la eternidad futura. Dios nos perdona, porque Jesús pagó el precio de nuestros pecados, y nos acepta en su presencia, porque estamos cubiertos con la justicia de Cristo. Este es el pacto de la gracia.

Debemos aceptar el amor y el cuidado de una por la otra en los mismos términos en los que Dios nos acepta: la gracia. La vía del pacto no es una vía de aislamiento e independencia.

Cuando Caín mató a su hermano Abel, el Señor le preguntó: "¿Dónde está Abel tu hermano? Y él respondió: No sé. ¿Soy yo acaso guarda de mi hermano?" (Gn. 4:9). Él no sabía que la respuesta a esa pregunta es sí. Vivir conforme al pacto significa que somos guardas de nuestros hermanos y hermanas. Mujeres que instruyen a otras mujeres es simplemente una manera de vivir conforme al pacto. Esto forma parte de una vida de pacto del mismo modo que lo es participar de la mesa del Señor para recordar la muerte de Jesús hasta que Él venga.

No es opcional. Este evangelio imperativo es una manera de expresar nuestro mandato del Señor de amarlo con todo nuestro corazón, con toda nuestra alma y con toda nuestra mente y de amar a nuestro prójimo como a nosotros mismos (Mt. 22:37-39).

UN EXAMEN MINUCIOSO DEL PASAJE

Ahora, vamos a observar con más detalle el pasaje de Tito 2.

¿A quién se le da este mandato? Es interesante notar que este mandato no fue escrito a las mujeres. Fue escrito al pastor de la iglesia. Es responsabilidad del liderazgo de la iglesia adiestrar a las mujeres mayores para este ministerio. Que las mujeres instruyan a otras mujeres es un elemento esencial para la vida saludable de una iglesia.

¿Cuál es el fundamento para este mandato? Las relaciones según Tito 2 no deben tener lugar en un vacío, sino dentro del contexto de la sana doctrina.

> La instrucción de Pablo a Tito de enseñar a las mujeres la moralidad en base a la sana doctrina implicaba que las mujeres debían aprender la doctrina… Por tanto, estas mujeres debían aprender los principios de la fe cristiana que formarían la base de su carácter. La firmeza o exactitud de la doctrina les daría un fundamento sobre el cual adiestrar a las jóvenes.
>
> La sana doctrina certifica la clase de moralidad que Pablo está recomendando en este mandato. La moralidad debe basarse en quién es Dios y qué ha hecho por nosotros en Cristo, o será puramente subjetiva. A menos que Dios sea el punto de referencia, no hay objetivo, norma absoluta ni autoridad para la moralidad. Si comenzamos por cualquier otro punto, nuestra moralidad se degenerará al nivel del código moral de nuestro entorno…

> Al parecer Pablo no esperaba ni quería que las mujeres de la iglesia de Creta cambiaran su conducta sin cambiar su modo de pensar. Él quería que pensaran cristianamente para que se comportaran cristianamente. Y la sana doctrina es esencial para un correcto modo de pensar.[1]

¿Cuál es el propósito de este mandato? El énfasis del libro de Tito es la sana doctrina y la vida piadosa. La gloria de Dios es el propósito principal de las relaciones que estamos exponiendo. Este no es un programa de enriquecimiento personal. Estas son relaciones de pacto que están centradas en glorificar a Dios al reflejar su gracia unas a las otras. En *Spiritual Mothering* [Maternidad espiritual], doy la siguiente definición:

> Maternidad espiritual: Cuando una mujer que posee fe y madurez espiritual entra en una relación de cuidado y protección para con una mujer joven a fin de inspirarla y enseñarle a vivir para la gloria de Dios.[2]

¿Qué clase de enseñanza incluye? La palabra traducida "enseñar" (Tit. 2:4) es la palabra griega *sophronizo*. Ésta significa "producir una mente sana, hacer entrar en razón... La enseñanza incluiría el desarrollo de un sano juicio y prudencia. Sugiere el ejercicio del dominio propio que gobierna toda pasión y deseos, y que permite al creyente conformarse a la mente de Cristo".[3] No se trata simplemente de una instrucción bíblica formal. Se trata de enseñar una forma de vida mientras vivimos relacionadas unas con otras. Se trata de transmitir a las mujeres jóvenes el punto de vista bíblico, que incluye una perspectiva bíblica de la feminidad. Es ayudarles a pensar bíblicamente y aplicar la verdad bíblica a toda la vida.

¿Quiénes son las mujeres mayores? Esto no se refiere simplemente a una edad cronológica; sino a las experiencias de vida y la madurez espiritual. Toda mujer puede ser una mujer joven y a la vez mayor. Hay alguien que necesita tu perspectiva de la vida, y hay alguien con una perspectiva de la vida que tú necesitas.

¿DE QUÉ MODO EL MINISTERIO DE MUJERES PUEDE IMPLEMENTAR EL MINISTERIO DE TITO 2?

¿De qué modo las mujeres mayores y las jóvenes se pueden encontrar una a la otra? La manera más fácil es que la iglesia desarrolle un importante ministerio de mujeres, que enseñe a las mujeres la verdad de Dios acerca de la feminidad y ayude a fomentar relaciones de pacto que reflejen nuestra relación con Dios.

El mandato de Tito 2 no es un programa; es un estilo de vida. Sin embargo, muchas veces se requiere de algún programa para poner en marcha relaciones maternales espirituales. Aquí hay algunas sugerencias para ayudar a las líderes del ministerio de mujeres a inspirar y preparar a las mujeres para un ministerio conforme a Tito 2.

OBSERVACIONES GENERALES

Primero, las líderes del ministerio de mujeres necesitan tener un compromiso profundo y prolongado para con este mandato bíblico. No se trata simplemente de hermanar mujeres mayores con mujeres jóvenes. Forma parte de la vida de pacto. Pablo dice que es esencial "que la palabra de Dios no sea blasfemada" (Tit. 2:5).

Segundo, es importante que las líderes estén informadas acerca de las mujeres. ¿Sucede informal y espontáneamente la maternidad espiritual? Si es así, puede que no haya necesidad de un programa formal. Tal vez, lo que simplemente sea necesario es dar lugar a lo que está sucediendo; para ello sería bueno pedir periódicamente a las mujeres que cuenten testimonios de cómo otras mujeres de la comunidad de pacto las están instruyendo en la fe. O si hay mujeres que no pertenecen a la iglesia o que son nuevas en la fe y no crecieron en un hogar cristiano, tal vez un programa de maternidad espiritual sea la manera de cuidar de ellas e instruirlas.

Tercero, el mandato de Tito fue dado al pastor de la iglesia. Pablo instruyó al joven Tito a adiestrar a las mujeres mayores de la congregación para este ministerio. Este adiestramiento iba a tener lugar dentro del contexto de la sana doctrina. Es una parte de la vida saludable de la iglesia. No es simplemente una *cosa de mujeres*. El compromiso del liderazgo de la iglesia es bíblico y esencial. Si se decide desarrollar un programa formal, es importante tener la supervisión y apoyo de los ancianos.

Considera este posible caso: al anunciar que vas a comenzar un programa de Tito 2, pides voluntarias para ser madres espirituales. Una mujer que acaba de integrarse a la iglesia y parece tener gran experiencia y madurez se ofrece como voluntaria con mucho entusiasmo. Tú desconoces que esta mujer sostenga algunas posiciones teológicas y algunos puntos de vista acerca de las mujeres y el matrimonio que no concuerden con las Escrituras. Y le asignas una mujer joven que, también desconoces, está teniendo dificultades en su matrimonio pues se resiste a la idea de liderazgo y sumisión. Dado que la mujer que se ofreció como voluntaria para ser madre espiritual no recibió adiestramiento, pautas, una estructura ante quien hacerse responsable, ni una lista aprobada de libros de estudio, está a punto de ocurrir un desastre.

Cuarto, es necesario reflexionar cuidadosamente y en oración en las implicaciones potenciales de un programa de maternidad espiritual.

- ¿Cómo seleccionar a las madres espirituales?
- ¿Cómo y a quién deberían rendir cuentas las madres espirituales?
- ¿Cómo evitar que las mujeres jóvenes se decepcionen porque su madre espiritual nunca cultiva su relación?
- ¿Quién debería supervisar que el programa siga fiel a su propósito e integridad?
- ¿Cómo se interrelacionará este programa con el programa de educación cristiana total de la iglesia?

Quinto, aunque se decida llevar a cabo un programa de maternidad espiritual formal, las mujeres deberían aprender que esto debe ser una forma de vida y que el Señor llevará a muchas mujeres a desarrollar este tipo de relación sin la ayuda de un programa. Deberíamos dar importancia y lugar a la legitimidad de estas relaciones informales. Cuanto más entienda la comunidad de pacto que esto forma parte de la vida de comunidad, menos necesidad habrá de un programa formal.

Sexto, la maternidad espiritual no es simplemente un asunto de edad cronológica. Aunque todas las mujeres de la iglesia sean de la misma edad, habrá varios niveles de madurez espiritual y experiencias de vida que las hará aptas para instruirse unas a otras.

Séptimo, el mandato de Tito 2 no se limita a las mujeres casadas. Las mujeres deberían tener una visión generacional que incluya a solteras, adolescentes e incluso a las niñas. Las hijas del pacto deberían aprender la feminidad bíblica a través de las mujeres de la comunidad del pacto.

Octavo, si los ancianos y las líderes del ministerio de mujeres determinan que es necesario desarrollar un ministerio formal según Tito 2, podría designarse un subcomité para desarrollar el propósito, procedimiento, plan de acción y estrategia y reclutar, simultáneamente, un equipo de oración que ore regularmente por este comité. Todos los planes deberían someterse a las líderes del ministerio de mujeres y después a los ancianos para su aprobación. Puede que los ancianos tengan que establecer planes de acción para las situaciones que se les refieran.

SUGERENCIAS PARA UN SUBCOMITÉ DE PLANIFICACIÓN DE UN MINISTERIO SEGÚN TITO 2

1) Determinar el propósito del ministerio según Tito 2

Por ejemplo: "El propósito del programa del ministerio de la mujer de Tito 2 es ayudar a las mujeres a establecer relaciones de pacto con mujeres mayores piadosas que las inspiren y preparen para vivir para la gloria de Dios".

2) Desarrollar un plan para reclutar y capacitar a las madres espirituales

Este plan debería establecer claramente los requisitos, cómo se reclutarán las mujeres, cómo las aprobarán los ancianos y cómo deberán rendirles cuentas a las líderes de las mujeres.

La capacitación debería ser consecuente con la doctrina y visión de la iglesia. El "plan de estudios" también debería incluir principios generales de la feminidad bíblica. (*Biblical Foundations for Womanhood* [Fundamentos bíblicos para la feminidad] es una serie de libros diseñados para capacitar mujeres para tener una perspectiva bíblica de la feminidad y de ese modo prepararlas para un ministerio conforme a Tito 2.[4])

En algunos casos, el ministerio de mujeres podría ofrecer estos estudios a través de un programa de estudio bíblico y después, a raíz de esto, identificar a las mujeres que están listas para ser madres espirituales. Este enfoque a largo plazo significa que se dedicarán varios meses a la fase de capacitación antes de pasar a la fase siguiente de comenzar prácticamente el ministerio de Tito 2.

Otra opción es identificar a las madres espirituales, y luego ofrecerles un plan de estudios resumido. Podrían leer un libro por su cuenta, reunirse para debatir acerca del mismo y luego pasar al libro siguiente. Esto podría llevarse a cabo incluso en un retiro de capacitación.

Esta capacitación debería incluir un plan de capacitación y reclutamiento adicional de madres espirituales para el futuro. Las madres espirituales deberían capacitarse para reproducir al inspirar a sus hijas espirituales a ponerse la meta de llegar a ser ellas también madres espirituales.

3) Determinar a qué audiencia va dirigido

La cantidad de madres espirituales determinará el alcance del programa. Es probable que la cantidad de mujeres que desean una madre espiritual exceda la cantidad de madres espirituales. El propósito del programa debería ayudar a determinar qué mujeres tendrán prioridad en la asignación de madres espirituales. Por ejemplo, podría estar dirigido a las mujeres que no puedan asistir a los estudios bíblicos regulares del ministerio de mujeres, y animar a aquellas que asisten a estos estudios a participar de las relaciones informales de Tito 2.

Cuando haya suficientes madres espirituales preparadas, podrías pensar en la idea de extender el programa para abarcar a las adolescentes. Otro objetivo a largo plazo podría ser asignar por tres meses una madre espiritual a cada mujer nueva de la iglesia.

4) Desarrollar pautas

Desarrolla pautas que incluyan cosas como estas:

- Cómo vincular a las madres espirituales con sus hijas. Esto puede ser tan simple como sortear nombres o buscar intereses y experiencias en común. Sea cual sea el método utilizado, lo más importante es pasar mucho tiempo en oración para que el Señor asocie a las mujeres según su propósito para cada una de ellas.
- La duración de la relación formal. Por lo general, se recomienda que un programa de maternidad espiritual dure un período de un año.
- Cómo determinar el estilo de relación. Se debería aconsejar a las madres espirituales a mantener conversaciones adecuadas con sus

hijas espirituales a fin de conocer sus necesidades, expectativas y metas realistas. ¿Se reunirán en un momento determinado o será más informal? ¿Estudiarán y orarán juntas o simplemente se reunirán para almorzar y hablar?

- Una lista de libros aprobados para que las madres e hijas espirituales puedan leer y debatir.
- Cómo y a dónde recurrir por problemas que requieran ayuda pastoral o profesional. Esto debería incluir advertencias y parámetros claros para tratar con situaciones críticas.
- Cómo anunciar el programa. Los anuncios deberían ser la herramienta para mantener informada a toda la congregación acerca del propósito del programa y pedir apoyo de oración.

5) Trazar un plan

Traza un plan para mantener la visión y el fundamento del programa. Por ejemplo:

- Realizar dos o tres reuniones al año para aquellas que participan del programa. Esto podría incluir un momento para hablar, de modo que las participantes puedan aprender de las demás y animarse una a la otra.
- Cada año antes que las mujeres se inscriban para el programa, invita a las madres e hijas espirituales a dar un breve testimonio de su experiencia en los servicios de la iglesia a manera de promoción. Procura que, durante tres o cuatro domingos antes que comience la inscripción, diferentes mujeres cuenten su experiencia.
- Invita también a las mujeres a contar el testimonio de la bendición que han recibido a través del ministerio de Tito 2 en cualquier otra actividad especial del ministerio de mujeres.

6) Desarrollar un plan

Desarrolla un plan para implementar el programa. Por ejemplo:

- Debería haber una coordinadora o comité de Tito 2. Determina la manera de escoger a esta persona o comité, su duración y cómo se relacionarán con las líderes del ministerio de mujeres.
- A las mujeres que finalicen los estudios se les pedirá que oren por la posibilidad de llegar a ser madres espirituales. Aquellas que estén dispuestas, deberían rellenar un formulario en el cual acepten las pautas establecidas. Estos nombres se someterán a los

ancianos para su aprobación. Las que sean aprobadas recibirán el reconocimiento en un servicio de la iglesia. Éstas se comprometerán a orar a lo largo del verano para que el Señor guíe al comité en la asignación de las hijas espirituales.

- El comité determinará cuántas hijas espirituales podrá incorporar al programa, ofrecerá el programa a las mujeres, hará las asignaciones y celebrará una reunión para las madres e hijas espirituales.
- Al final del período, el comité se reunirá con las madres espirituales para una evaluación, les preguntará si desean volver a participar del programa y les pedirá que recomienden a otras hijas espirituales que finalizaron todos los estudios y podrían estar listas para ser madres espirituales. En algunas ocasiones, una madre e hija espiritual podrían querer seguir otro año a fin de completar todo el plan de estudio. El comité determinará también si necesitan proporcionar otro tiempo de capacitación para mujeres que podrían estar interesadas en convertirse en madres espirituales.
- Se aprovechará cualquier oportunidad para mantener presente la idea de Tito 2 a las mujeres en general a través de testimonios en actividades especiales, artículos en boletines informativos y oración en público por las madres espirituales.

EL OBJETIVO

El objetivo del ministerio de Tito 2 no es un ministerio deslumbrante, bien llevado. Pablo le dijo al joven predicador que les enseñara a las mujeres mayores la sana doctrina para que éstas pudieran enseñar a las jóvenes "para que la palabra de Dios no sea blasfemada" (v. 5). Esto es algo apremiante. Es un evangelio imperioso. Es la manera en que las mujeres cristianas le demuestran y le cuentan a la generación siguiente "las alabanzas de Jehová, y su potencia, y las maravillas que hizo... Para que lo sepa la generación venidera, y los hijos que nacerán; y los que se levantarán lo cuenten a sus hijos, a fin de que pongan en Dios su confianza, y no se olviden de las obras de Dios; que guarden sus mandamientos" (Sal. 78:4, 6-7).

De modo que el Cristianismo avance.

CONCLUSIÓN

TE INVITAMOS A TOMAR TIEMPO para reflexionar en algunas de las Escrituras que hemos citado.

La mujer sabia edifica su casa;
Mas la necia con sus manos la derriba. (Pr. 14:1)

Te alabaré; porque formidables, maravillosas son tus obras;
Estoy maravillado,
Y mi alma lo sabe muy bien. (Sal. 139:14)

No es bueno que el hombre esté solo; le haré ayuda idónea para él. (Gn. 2:18)

Engañosa es la gracia, y vana la hermosura;
La mujer que teme a Jehová, ésa será alabada. (Pr. 31:30)

Vuestro atavío no sea el externo de peinados ostentosos, de adornos de oro o de vestidos lujosos, sino el interno, el del corazón, en el incorruptible ornato de un espíritu afable y apacible, que es de grande estima delante de Dios. Porque así también se ataviaban en otro tiempo aquellas santas mujeres que esperaban en Dios, estando sujetas a sus maridos. (1 P. 3:3-5)

Las ancianas asimismo sean reverentes en su porte; no calumniadoras, no esclavas del vino, maestras del bien; que enseñen a las mujeres jóvenes a amar a sus maridos y a sus hijos, a ser prudentes, castas, cuidadosas de su casa, buenas, sujetas a sus maridos, para que la palabra de Dios no sea blasfemada. (Tit. 2:3-5)

Asimismo que las mujeres se atavíen de ropa decorosa, con pudor y modestia; no con peinado ostentoso, ni oro, ni perlas, ni vestidos costosos, sino con buenas obras, como corresponde a mujeres que profesan piedad. (1 Ti. 2:9-10)

Habitaré y andaré entre ellos, y seré su Dios, y ellos serán mi pueblo... Y seré para vosotros por Padre, y vosotros me seréis hijos e hijas, dice el Señor Todopoderoso. (2 Co. 6:16, 18)

Y por cuanto sois hijos, Dios envió a vuestros corazones el Espíritu de su Hijo, el cual clama: ¡Abba, Padre! (Gá. 4:6)

¿Quién nos separará del amor de Cristo? ¿Tribulación, o angustia, o persecución, o hambre, o desnudez, o peligro, o espada? Como está escrito:

Por causa de ti somos muertos todo el tiempo;
Somos contados como ovejas de matadero

Antes, en todas estas cosas somos más que vencedores por medio de aquel que nos amó. Por lo cual estoy seguro de que ni la muerte, ni la vida, ni ángeles, ni principados, ni potestades, ni lo presente, ni lo por venir, ni lo alto, ni lo profundo, ni ninguna otra cosa creada nos podrá separar del amor de Dios, que es en Cristo Jesús Señor nuestro. (Ro. 8:37-39)

Yo soy la vid verdadera, y mi Padre es el labrador. Todo pámpano que en mí no lleva fruto, lo quitará; y todo aquel que lleva fruto, lo limpiará, para que lleve más fruto. (Jn. 15:1-2)

Y les daré corazón para que me conozcan que yo soy Jehová; y me serán por pueblo, y yo les seré a ellos por Dios; porque se volverán a mí de todo su corazón. (Jer. 24:7)

Mujer virtuosa, ¿quién la hallará?
Porque su estima sobrepasa largamente
a la de las piedras preciosas.
El corazón de su marido está en ella confiado,
Y no carecerá de ganancias.
Le da ella bien y no mal
Todos los días de su vida...
Abre su boca con sabiduría,
Y la ley de clemencia está en su lengua.
Considera los caminos de su casa,
Y no come el pan de balde.
Se levantan sus hijos y la llaman bienaventurada;
Y su marido también la alaba:
Muchas mujeres hicieron el bien;

Mas tú sobrepasas a todas.
Engañosa es la gracia, y vana la hermosura;
La mujer que teme a Jehová, ésa será alabada.
Dadle del fruto de sus manos,
Y alábenla en las puertas sus hechos.
(Pr. 31:10-12, 26-31)

LIBROS RECOMENDADOS

LOS SIGUIENTES SON LIBROS que te darán una mayor comprensión, te estimularán a pensar y te alentarán a llegar a ser una mujer verdadera.

Hasta donde sabemos, creemos que estos libros son fieles a las Escrituras. Sin embargo, la inclusión de esta lista no necesariamente implica nuestro respaldo incondicional de los autores, libros u organizaciones representadas. Dios espera que cada creyente examine todo a la luz de su Palabra.

CRECIMIENTO ESPIRITUAL

DeMoss Wolgemuth, Nancy. *Mentiras que las mujeres creen y la verdad que las hace libres*, versión revisada y ampliada. Grand Rapids: Editorial Portavoz, 2018.

George, Elizabeth. *Ama a Dios con toda tu mente*. Grand Rapids: Editorial Portavoz, 2006.

______. *Hermosa a los ojos de Dios*. Miami: Editorial Patmos, 2005.

______. *Una mujer conforme al corazón de Dios*. Miami: Editorial Unilit, 2001.

Hughes, Barbara. *Las disciplinas de una mujer piadosa*. Miami: Editorial Patmos, 2005.

Kassian, Mary. *En la casa de mi Padre*. Nashville: Lifeway Christian Resources, 2000.

Jaynes, Sharon. *El poder de tus palabras: Mujer, descubre el impacto de lo que dices*. El Paso: Casa Bautista de Publicaciones, 2008.

CRIANZA DE LOS HIJOS

DeMoss Wolgemuth, Nancy y Dannah Gresh. *Mentiras que las jóvenes creen y la verdad que las hace libres*. Grand Rapids: Editorial Portavoz, 2008.

Nichols, Fern y Janet Kobobel Grant. *Todo niño necesita una mamá que ora*. Miami: Editorial Unilit, 2005.

Omartian, Stormie. *El poder de los padres que oran*. Miami: Editorial Unilit, 2007.

Tripp, Tedd. *Cómo pastorear el corazón de su hijo*. Wapwallopen, PA: Shepherd Press, 2001.

FEMINIDAD BÍBLICA

MacArthur, John. *Doce mujeres extraordinarias: Cómo Dios formó a las mujeres de la Biblia y lo que Él quiere hacer con usted*. Nashville: Grupo Nelson, 2006.

MATRIMONIO Y FAMILIA

Dillow, Linda y Lorraine Pintus. *Temas de intimidad: 21 interrogantes que las mujeres tienen sobre sexo*. Nashville: Grupo Nelson, 2008.

Eggerichs, Emerson. *Amor y respeto: El amor que ella más ansía; el respeto que él desperadamente necesita*. Lake Mary, FL: Casa Creación: 2005.

Feldhahn, Shaunti. *Solo para mujeres*. Miami: Editorial Unilit, 2006.

Omartian, Stormie. *El poder de la esposa que ora*. Miami: Editorial Unilit, 2002.

PUREZA

Anderson, Nancy C. *Evite la tentación en su matrimonio*. Grand Rapids: Editorial Portavoz, 2007.

DeMoss Wolgemuth, Nancy. *La apariencia: ¿Le importa realmente a Dios mi forma de vestir?* Grand Rapids: Editorial Portavoz, 2007.

Gresh, Dannah. *Y la novia se vistió de blanco*. Grand Rapids: Editorial Portavoz, 2005.

Jenkins, Jerry. *Cercas: Ama a tu matrimonio lo suficiente como para protegerlo*. Grand Rapids: Editorial Vida, 2007.

PARA EL ANÁLISIS Y LA REFLEXIÓN PERSONAL

EL PROPÓSITO DE ESTA SECCIÓN es hacerte pensar y analizar los temas de este libro. Las preguntas siguientes pueden usarse para la reflexión personal o (como sugerencia) para debatir con una o más amigas que tengan el mismo deseo de llegar a ser "mujeres verdaderas".

Si estás usando esta guía como parte de un estudio grupal, puede que quieras cubrir uno o más capítulos cada vez que se reúnan, dependiendo del formato y duración del estudio. El objetivo no es simplemente responder todas las preguntas, sino dialogar coherentemente sobre el contenido de cada capítulo y permitir que el Espíritu Santo escudriñe el corazón de cada una y les muestre cómo aplicar lo que han leído a la etapa de la vida y circunstancias por las que están atravesando.

Si te estás reuniendo con otras mujeres, considera la posibilidad de incluir estos componentes a cada sesión:

- Comenzar con una oración para pedirle a Dios que les ayude a entender sus caminos y les dé un corazón para recibir y responder a su Verdad.
- Hablar de cualquier punto del capítulo o los capítulos leídos que les parezcan particularmente útiles, alentadores o retadores.
- Debatir acerca de algunas o todas las preguntas sugeridas.
- Compartir algún aspecto de sus vidas donde Dios les haya mostrado la necesidad de un cambio o crecimiento, en base a lo que hayan leído y debatido.
- Orar unas por las otras para poder cumplir el llamado de Dios en la vida de cada una. Reconocer humildemente la necesidad de la gracia y el poder de su Espíritu para poder cumplir ese llamado. Orar por las necesidades o problemas específicos de las mujeres que asisten al grupo.

INTRODUCCIÓN

1) ¿Cómo resumirías la "revolución" mencionada en la edición especial para mujeres de la revista *Time* del año 1990?

2) ¿Cuáles eran algunas de las "promesas" de esa revolución? ¿Cómo evaluarías el resultado y el efecto de la revolución femenina? ¿Hasta qué punto crees que sus promesas se han cumplido?

3) ¿Qué consecuencias negativas de esa revolución pueden verse hoy día en la vida de las mujeres, en el hogar, en nuestra cultura y en la iglesia?

4) ¿De qué modo ha influenciado en la vida de muchas mujeres cristianas —en sus pensamientos, valores, prioridades, decisiones— la perspectiva del mundo con respecto a qué significa ser una mujer exitosa? ¿Puedes identificar alguna influencia que esta perspectiva del mundo sobre la feminidad ha ejercido sobre tu vida?

5) En tus propias palabras, describe la "contrarrevolución" por la que Nancy nos llama a creerle a Dios. ¿Cómo sería dicho movimiento entre las mujeres cristianas? ¿Qué podría ocasionar dicho movimiento en nuestros días?

6) Intercambia opiniones sobre la oración de John Greenleaf Whittier de la página 20. ¿Qué peticiones hace? ¿De qué modo expresa esta oración una dependencia en el carácter y la gracia de Dios para cumplir su propósito en nuestras vidas?

7) Dedica tiempo a personalizar la oración de Whittier para tu vida y la vida de las demás mujeres de tu grupo. Pídele a Dios que te use para producir en otras mujeres cristianas la imperiosa necesidad de una "contrarrevolución" espiritual.

CAPÍTULO 1: FEMINIDAD

1) Nombra una o más mujeres a las que admirabas cuando eras jovencita. ¿Qué te atraía de ellas?

2) Si alguna adolescente te pidiera que le explicaras las diferencias entre "femenino" y "masculino" ¿qué le dirías?

3) ¿Qué modelos de feminidad ofrece la sociedad? ¿Cómo define la sociedad a la mujer exitosa?

4) Carolyn menciona que Susan Brownmiller dice que "en cierto grado, todas las mujeres imitan la feminidad" y que "la feminidad, en esencia, es un sentimiento romántico, una tradición nostálgica de limitaciones impuestas". ¿Cómo responderías tú a estas ideas? Usa las Escrituras si te es conveniente.

5) ¿Cuáles son algunos de los argumentos bíblicos que nos llevan a creer que la feminidad no es una imposición cultural?

6) Lee Génesis 1:27. ¿Cuáles son algunas de las implicaciones del hecho de que "creó Dios al hombre a su imagen... varón y hembra los creó"?

7) Intercambia opiniones acerca de la definición de John Piper en cuanto a la "feminidad bien desarrollada" (pp. 25-26). ¿Cuáles son algunas de las maneras prácticas en las que esta clase de feminidad podría expresarse en la vida de una mujer casada? ¿Y de una mujer soltera?

8) ¿Qué relación tiene el "dar a luz una vida", "la crianza de los hijos" y "el amor por el hogar" con la perspectiva bíblica de la feminidad? ¿Cómo puede una muchacha soltera o una mujer casada sin hijos cumplir estos aspectos de la feminidad verdadera?

9) Menciona algunos ejemplos de las mujeres que has visto ejemplificar una feminidad verdadera. ¿Cómo pueden las mujeres cristianas glorificar a Dios en el mundo mediante su feminidad?

10) ¿Qué cosas ha colocado Dios en tu corazón al leer este capítulo? ¿De qué modo específico se puede expresar en mayor grado una feminidad piadosa?

CAPÍTULO 2: LA BELLEZA VERDADERA

1) ¿Qué has hecho para cambiar tu aspecto físico que, retrospectivamente, parece ridículo o excesivo (maquillaje, modo de vestir, estilo de peinado, dietas pasajeras, fajas modeladoras, perforaciones corporales, cirugía estética, etc.)?

2) ¿Qué influencias contribuyen a que las mujeres contemporáneas estén tan obsesionadas con su aspecto físico? ¿Qué pecados básicos forman parte de esta obsesión?

3) ¿Piensas que las Escrituras describen la belleza externa como una bendición o como una maldición? ¿Qué peligros acompañan la belleza externa?

4) Utilizando las Escrituras, describe cómo define Dios la belleza verdadera. Un buen punto de partida es 1 Pedro 3:3-6. ¿En qué se diferencia la definición de belleza de Dios de la forma en que nuestra cultura define la belleza?

5) ¿Cuáles son algunas señales de advertencia que indican que podrías estar demasiado preocupada por tu apariencia externa?

6) Carolyn dice: "La forma de pensar sobre nuestra apariencia personal y de cuidar de ésta es realmente un espejo de nuestro corazón" (p. 40). ¿Qué te mostraron las preguntas del "examen del corazón" de la página 41 acerca de tu corazón?

7) ¿De qué manera se puede contrarrestar prácticamente la búsqueda de la belleza desde el punto de vista cultural y en cambio buscar la belleza verdadera para nuestra vida?

8) Carolyn nos insta a "reconocer la providencia de Dios y aceptar con gratitud el cuerpo y el aspecto físico que Él nos ha dado" (p. 43). ¿En qué ámbitos de tu vida te resulta difícil?

9) ¿De qué forma debería incidir en tu manera de vivir el hecho real de que tu cuerpo ha sido creado por Dios y es templo del Espíritu Santo?

10) Lee 1 Timoteo 2:9-10. ¿Qué actitudes del corazón han de caracterizar a las mujeres cristianas? ¿Cómo deberían expresarse externamente esas actitudes del corazón? ¿Qué influencia debería tener este pasaje en la manera de vestir y el aspecto físico de una mujer, así como en las motivaciones de su corazón?

11) ¿Dirías tú que te interesa más buscar la belleza verdadera o la belleza externa? ¿De qué modo práctico se puede cultivar la belleza "[interna], [la] del corazón, en el incorruptible ornato de un espíritu afable y apacible" (1 P. 3:4)? Pídele a Dios que te revele y te libere de cualquier enfoque idólatra en ti misma, para que puedas experimentar la libertad de vivir para glorificar a Dios y agradar a Cristo.

CAPÍTULO 3: PRINCESAS DE PAPÁ

1) ¿Qué película u obra literaria tipifica lo que tú consideras un padre ideal? ¿Qué rasgos característicos te gustan del padre que allí se representa?

2) ¿Qué pensamientos y sentimientos te trae a la mente la palabra *padre*? (Podrían ser positivos o negativos, en base a tus experiencias).

3) Lee 2 Corintios 6:16, 18. Dios dice ser nuestro Padre. ¿Qué insinúa este término acerca de la naturaleza de Dios y nuestra relación con Él?

4) El cristianismo es la única religión en la que los seguidores entran en una íntima relación de familia con su Dios. J. I. Packer escribió: "Si se quiere juzgar cuán bien una persona entiende el cristianismo, hay que saber qué opina de ser hijo de Dios y de tener a Dios como Padre". ¿Por qué es tan fundamental esta enseñanza para el evangelio?

5) ¿Cómo nos muestra Jesús el corazón del Padre?

6) Lee Romanos 8:15-16. ¿Cómo influye en la vida cotidiana nuestra adopción como parte de la familia de Dios? ¿De qué modo te cambia la vida el hecho de que puedas llamar a Dios "Padre"? (O, si aún no eres parte de la familia de Dios ¿qué piensas que cambiaría en tu vida si te convirtieras en hija de Dios?)

7) ¿De qué modo el profundo conocimiento de que Dios es nuestro Padre debería influir en nuestra manera de ver la confesión y el arrepentimiento?

8) ¿De qué modo el conocimiento de que Dios es nuestro Padre debería influir en nuestra manera de ver el sufrimiento y el sacrificio?

9) ¿Cómo describirías tu relación con tu Padre celestial? ¿Cómo podrías fomentar una relación de amor más profunda con Él?

10) Dedica un tiempo a orar por un conocimiento más profundo del amor de tu Padre celestial hacia ti. Medita en 1 Juan 3:1 y Romanos 8:14-17.

CAPÍTULO 4: RETRATO DE UNA MUJER USADA POR DIOS

1) Si te encontraras con alguien por primera vez y tuvieras que describirte a ti misma ¿qué tres cosas dirías para definir tu identidad?

2) Nancy enumeró dieciocho características de María de Nazaret (resumidas en pp. 80-81) ¿Cuáles de estas cualidades te han ministrado en particular? ¿Por qué?

3) Lee el relato de María en Lucas 1:26-38 (descrito en p. 66) ¿Por qué crees que Dios escogió a María para ser la madre de Jesús?

4) ¿Qué sufrió María como resultado de rendirse a la voluntad de Dios?

5) Nancy dice que Dios ha escogido a todas las mujeres (seamos madres o no) para dar a luz y cuidar hijos espirituales (ver Jn. 15:16). ¿Cómo puede una mujer sin hijos biológicos cumplir este llamado? ¿Estás cumpliendo este llamado en este momento?

6) ¿Qué prerrequisitos deben estar presentes a fin de cumplir el propósito de Dios en nuestras vidas? En otras palabras, ¿qué nos corresponde hacer a nosotras para cumplir lo que Dios nos ha llamado a hacer?

7) ¿Qué tarea imposible Dios te ha llamado a hacer? ¿Qué promesas te ha dado para ayudarte a cumplir ese llamado?

8) Nancy habla de la necesidad de tener un tiempo en silencio en nuestra vida a fin de escuchar la voz de Dios. ¿Cómo haces para mantener un corazón en silencio en medio del ajetreo de la vida? ¿Hay nuevos hábitos que te gustaría cultivar en este aspecto?

9) La vida de María estaba caracterizada por la sumisión: a Dios, después a su esposo y finalmente a su Hijo. ¿Puedes pensar en alguna ocasión cuando cediste el control de algo y Dios resolvió los detalles incluso mejor de lo que podrías haber imaginado? Habla de tu experiencia.

10) ¿De qué modo discrepa la vida de María con la perspectiva del mundo sobre la feminidad?

11) ¿Qué pasos necesitas dar para estar mejor preparada a fin de cumplir el llamado y la misión de Dios para tu vida? Vuelve a leer las preguntas de las páginas 80-81 mientras meditas en los aspectos de tu vida en los que Dios quiere moldearte a fin de poder usarte para los propósitos de su reino en este mundo.

CAPÍTULO 5: CÓMO LLEGAR A SER UNA MUJER PRUDENTE

1) ¿Cuáles son algunos ejemplos de la poderosa influencia que ejercen las mujeres, para bien o para mal, en nuestra cultura?

2) Proverbios 14:1 nos dice que la mujer sabia edifica su casa, pero la necia con sus manos la derriba. ¿De qué manera pueden las mujeres

"derribar" su casa? (Piensa en la "casa" de una mujer como su esfera de influencia cercana).

3) ¿Qué estás haciendo para "edificar" tu casa? ¿Qué cosas de las que haces podría "derribarla"?

4) ¿Qué palabras de cautela y advertencia proporciona Proverbios 7 para los jóvenes?

5) Describe la diferencia entre una mujer que moralmente es como un "muro" y una que es como una "puerta" (ver p. 86). ¿De qué modo nuestra cultura alienta a las mujeres a ser como una "puerta"? ¿Qué motivaría a una mujer a llegar a ser como una "pared"?

6) Repasa Proverbios 7 e indica las características de una mujer necia. Busca de qué manera usa su lengua, sus actitudes y su comportamiento, tanto en la relación con su esposo como fuera de su matrimonio.

7) ¿Encuentras una tendencia hacia alguna de estas características en tu vida? ¿Hay algunas actitudes del corazón o comportamientos de los cuales deberías arrepentirte?

8) La mujer necia de Proverbios 7 sacrifica su beneficio a largo plazo para incurrir en una autosatisfacción inmediata. Puede que no hayas seducido a ningún hombre como lo hizo ella, pero ¿puedes recordar alguna ocasión en la que hayas satisfecho tus impulsos egoístas sin considerar las consecuencias a largo plazo? Menciona algunos ejemplos hipotéticos de lo que "hacen las mujeres" o, si no tienes inconvenientes, menciona ejemplos de malas decisiones que personalmente hayas hecho.

9) Si eres casada ¿de qué forma puedes aprender de la mujer necia de Proverbios 7 y edificar tu casa aunque tus "necesidades" no estén siendo satisfechas?

10) Si eres soltera, ¿qué precauciones y lecciones puedes aprender del ejemplo de la mujer de Proverbios 7?

11) Dios les ha dado a las mujeres el poder de ejercer influencia en los hombres de un modo particular. Ora para saber cómo usar esa influencia sabiamente, de un modo que "edifique tu casa". ¿Te está llamando Dios a dar algunos pasos específicos o a hacer cambios en

tu vida? Las preguntas de evaluación personal de las páginas 98-100 son útiles para orar por estos asuntos.

CAPÍTULO 6: PODADA PARA FLORECER

1) Describe lo que los labradores cuidan en sus plantas. ¿Cómo sería un labrador negligente?

2) Lee Juan 15:1-8. Según este pasaje, ¿por qué Dios nos poda? ¿Cuál es su objetivo? ¿Qué formas puede adoptar la poda?

3) La poda podría ser dolorosa. ¿Por qué es necesaria? ¿Por qué vale la pena someterse a dicho proceso? ¿Cuál es nuestra parte en el proceso de la poda? Describe cómo se manifiesta en la vida real.

4) Bunny afirma que, por lo general, estamos en una de las tres situaciones: nos acaban de podar, estamos volviendo a crecer después de la poda o estamos en plena floración. ¿En qué situación te encuentras en este momento? Explícalo.

5) ¿Qué circunstancia(s) en tu vida estás siendo tentada a controlar en vez de estar dispuesta a que Dios obre su voluntad en ellas? ¿Por qué es importante que le cedas el control a Dios; qué sucede en nosotras cuando dejamos de controlar las cosas?

6) ¿Qué clase de fruto es evidente en la vida de una mujer bien podada? Menciona algunos ejemplos de una mujer que conozcas, cuya vida ha sido más fructífera por medio del proceso de la poda.

7) Medita en tu modo de responder a la poda de Dios en tu vida. ¿Estás pasando dificultades con las que Él está tratando de hacer que des más fruto? ¿Qué pasos puedes dar para rendirte a su poda en vez de resistirte a ésta?

CAPÍTULO 7: LA RESPONSABILIDAD DE LA MUJER COMO AYUDA IDÓNEA DE SU ESPOSO

1) ¿Cuáles son algunos ingredientes o cualidades que nuestra cultura considera aspectos importantes de un matrimonio exitoso?

2) ¿Qué te impresionó del relato de los padres de Barbara? ¿De qué modo su madre "adornaba" el evangelio de Jesucristo en su llamado como esposa? Según las normas de la actualidad, la fidelidad de su madre

en medio de sus vicisitudes se consideraría inconcebible, incluso tonta. ¿Qué beneficios cosechó de las difíciles decisiones que tomó?

3) ¿Cómo deberían reflejar los matrimonios cristianos la relación entre Cristo y su novia, la Iglesia?

4) ¿De qué modo el orden de Dios para el matrimonio, con el esposo como cabeza y la esposa como "ayuda idónea", que es igual pero diferente, aliviaría muchos de los problemas matrimoniales que encuentras en los matrimonios que conoces o de la sociedad en general?

5) Lee 1 Pedro 2:21—3:1, que ofrece una hermosa descripción de la sumisión de Cristo. ¿Qué frases de este pasaje describen la sumisión? ¿De qué modo difiere esta definición de sumisión de la definición del mundo?

6) Al seguir el ejemplo de Cristo del pasaje anterior, ¿dónde podemos encontrar la fuerza para ser sumisas en una situación difícil?

7) Barbara dice: "La sumisión a nuestro esposo comienza y termina con la confianza en Dios" (p. 124). Abre un debate acerca de la relación entre la sumisión y la confianza en Dios: ¿De qué modo la fe nos permite someternos a las autoridades ordenadas por Dios? ¿De qué modo la sumisión es una expresión de la fe?

8) En 1 Pedro 3:3-6 se define además la manera particular en que las mujeres deben someterse a su esposo. Debemos caracterizarnos por la afabilidad "fuerza bajo control". Describe cómo debería ser este tipo de sumisión en la situación de una esposa que no está de acuerdo con su esposo, como por ejemplo, en una compra importante o una decisión con relación a sus hijos.

9) Barbara menciona un sermón que aclara cómo Sara se sujetaba a Abraham: "Ella habitaba con un hombre imperfecto que le pidió que hiciera algo inconcebible; sin embargo, ella no le echó la culpa de ese horrendo error por el resto de su vida, sino que restauró su respeto por él en su corazón y siguió viviendo con él y llamándole 'Señor'" (p. 128). Si eres casada, ¿en qué ámbito necesitas mostrar mayor respeto por tu esposo, tanto si "merece" o no tu respeto?

10) ¿De qué modo un profundo entendimiento de la sumisión en el matrimonio te ayuda a someterte mejor a Dios, seas casada o soltera?

11) Piensa y ora por cualquier barrera que esté impidiendo que tengas la vida de sumisión a la que fuiste llamada. ¿Puedes ver la sumisión como un don o tan solo el término amenaza tu autoestima?

12) ¿De qué manera resume Barbara su meta en la vida como esposa (p. 130)? ¿Cuál es tu meta en la vida como esposa?

CAPÍTULO 8: LIBERADA A TRAVÉS DE LA SUMISIÓN

1) ¿Parecen compatibles las palabras *liberada* y *sumisa*? ¿Por qué sí o por qué no?

2) Bunny describe cómo era la vida cuando ella "fingía" sumisión a su esposo, pero realmente no se sometía en su corazón; ella lo denomina "sumisión obediente". ¿Puedes recordar alguna época en tu vida en la que "fingías" sumisión, pero no era de corazón. ¿Cómo terminó aquello? ¿Notó alguien tu falta de sinceridad?

3) Las mujeres luchan a menudo con la idea de la sumisión. ¿Por qué esta palabra es tan criticada? ¿Cómo define la gente (erróneamente) la sumisión de modo que parezca tan poco atractiva?

4) Traza un "organigrama" de autoridad. ¿En qué lugar encajas tú? ¿A quién te sometes tú y quién se somete a ti?

5) ¿De qué modo es el principio de la sumisión una bendición y un don? ¿Cuáles son algunos de los beneficios de vivir conforme a este principio, ya sea en el hogar, la iglesia, el lugar de trabajo o la sociedad?

6) Bunny brinda tres pasos para saber qué hacer ante un pedido irracional: detenerse, hablar con la verdad y esperar en Dios. ¿Es esta una reacción natural para ti, o es algo que te cuesta? ¿Qué recordatorios podrías establecer para ayudarte a mantener la calma y responder adecuadamente en vez de enojarte cuando te provocan?

7) ¿De qué modo practicar la sumisión bíblica redunda en bendición aunque aquellos que están en autoridad cometan errores o tomen malas decisiones?

8) Si tú piensas de la sumisión como que "Dios interviene", ¿de qué modo cambiará tu actitud hacia la sumisión? ¿De qué modo es liberador este tipo de sumisión como sugiere el título de este capítulo?

9) Idealmente, cuando no estamos de acuerdo con nuestro esposo, jefe o pastor, sabemos que "el objetivo no es demostrar quién tiene razón y quién está equivocado, sino descubrir la voluntad de Dios sobre el asunto" (pp. 139-140). Piensa en el último desacuerdo que tuviste con una autoridad humana. ¿Era tu objetivo demostrar que tenías razón, o descubrir la voluntad de Dios? ¿De qué modo tus motivaciones o metas influyen en tus acciones? Si pudieras volver a vivir aquella situación, ¿qué cosas harías diferente?

10) Bunny dice: "La sumisión es la senda que Él ha designado para proporcionar la mayor libertad y bendición posible para cada creyente" (p. 143). ¿Estás experimentando la libertad y la bendición de caminar en sumisión? Confiesa cualquier ámbito en el que te hayas estado resistiendo a la autoridad que Dios ordenó. Ora para aprender a confiar en Dios y esperar que Él intervenga.

CAPÍTULO 9: CÓMO CRIAR HIJAS FEMENINAS

1) Si tu hija adolescente te pregunta por qué las mujeres necesitan a los hombres y viceversa, de qué modo son diferentes uno del otro (aparte de lo obvio), ¿qué le responderías?

2) Las feministas argumentan que igualdad significa semejanza y que las mujeres deben ser libres de la esclavitud del esposo y la familia. ¿Qué responderías tú a este punto de vista, usando la Palabra de Dios como tu punto de referencia?

3) Susan nos recuerda que nuestro valor e identidad están en el hecho de que somos portadoras de la gloria de Dios. ¿De qué modo este entendimiento nos protege de buscar significación en el lugar equivocado? Piensa en situaciones específicas en las que nosotras o nuestras hijas podríamos ser tentadas a buscar significación en nuestra apariencia o nuestro desempeño.

4) Susan explica que somos producto de nuestra teología. Proporciona algunos ejemplos de cómo nuestras convicciones determinan nuestro punto de vista como mujeres.

5) La función de la mujer como "ayuda idónea" queda enaltecida por el hecho de que Dios y el Espíritu Santo son nuestra "Ayuda". Esta función de la mujer puede asumir diferente significado según cada mujer y según las diferentes etapas de su vida. Pero hay algunas características fundamentales que afectan todas estas diferencias. Con esto en mente,

describe la manera en la que nuestro designio de ser ayuda idónea es el mismo para las mujeres a través de los siglos. ¿Para hacer qué han sido singularmente dotadas las mujeres, independientemente de su vocación, sea casada o soltera, a diferencia de lo que los hombres han sido llamados?

6) Susan escribe: "Domesticidad implica preparar un lugar seguro donde los corazones turbados puedan hallar descanso y consuelo, e integrar a nuestras hijas para este ministerio en nuestro hogar y nuestra iglesia (p. 152). ¿Es esta definición de domesticidad una idea nueva para ti? Medita en la virtud femenina de crear un lugar para descansar y reconfortar a los demás. ¿Cuáles son algunas maneras prácticas para que las mujeres puedan expresar esta virtud?

7) ¿De qué modo estás tú llevando a cabo la virtud de la domesticidad, y de qué modo te podría estar llamando Dios a hacer más en este ámbito? No puedes dar descanso a los demás si tú misma no estás en paz. Ora para que Dios cultive más paz y bondad en tu corazón.

8) ¿Por qué es crucial que la mujer cristiana transfiera un legado de feminidad bíblica a las mujeres de la generación siguiente? ¿Qué está en juego? ¿De qué modo puedes ser más intencional en cuanto a transmitir la virtud de la verdadera feminidad a la generación siguiente, ya sea a tus propias hijas o a las hijas de tu iglesia o comunidad?

9) ¿Cómo expresarías la esencia de una "mujer verdadera"?

CAPÍTULO 10: EL CORAZÓN MATERNAL DE UNA MADRE

1) ¿Qué recuerdo positivo de la infancia tienes de tu madre?

2) Dorothy dice que cada mujer, casada o soltera, tiene un instinto maternal que Dios le dio y que "es una parte esencial de su plan de reproducir su corazón en la próxima generación (p. 159). ¿De qué modo nuestra cultura resta valor a este espíritu maternal? ¿Por qué piensas que nuestro mundo le adjudica menos valor del que Dios desea a la maternidad? ¿Qué función pueden desarrollar las madres piadosas en el gran plan redentor de Dios?

3) ¿De qué modo te ha llamado Dios a cuidar de una vida? Si tienes tus propios hijos ¿de qué otras maneras has tenido la oportunidad de cuidar de la vida espiritual de otros?

4) El aborto ha llegado a ser una opción aceptada en nuestra cultura hoy día. ¿Qué principios bíblicos confirman la santidad de la vida humana que comienza en el vientre? Usa referencias de las Escrituras si puedes. Puede que algunas mujeres de tu grupo hayan experimentado el dolor de haber abortado, por ello, sé sensible a esa posibilidad al debatir sobre este tema.

5) ¿Qué conceptos del estudio de Ana has encontrado particularmente útil, alentador o inspirador?

6) Lee la oración de Ana en 1 Samuel 1:10-11. ¿Qué frases de su oración expresan fe? ¿Cuál es la secuencia de su oración? ¿Qué encabezamiento le podrías dar a cada sección?

7) Ana pidió un hijo para poder devolvérselo al Señor. Si tienes hijos, ¿piensas que tus hijos te pertenecen, o son del Señor? ¿Qué cosas específicas podrían formar parte de entregarle tu hijo al Señor? ¿Qué podría evitar que la mujer consagre completamente a sus hijos al Señor? ¿Cómo podría la oración de Ana inspirar tus oraciones por tus hijos; ya sea por aquellos que te llaman mamá o por aquellos que no son tuyos, pero que has sido llamada a criar?

8) ¿Qué aspectos del carácter de Dios puede transmitir mejor una madre con instinto maternal? ¿Cómo puedes transmitir esas cosas a los hijos que estás criando?

9) Lee la segunda oración de Ana en 1 Samuel 2:1-10. Las semillas de su fe expresadas antes del nacimiento de Samuel ahora han dado su fruto. Enumera todas las cosas por las que ella alaba a Dios, y eleva tu propia oración de alabanza por el privilegio de criar una vida y de devolvérsela al Señor.

10) ¿Cómo fue la fe de Ana y la recompensa de su sacrificio? ¿Cuáles son algunas de las bendiciones y recompensas de cumplir nuestro santo llamado a ser dadoras de vida y cuidar de las vidas que Él nos ha confiado, a fin de poder entregárselas nuevamente para su servicio (p. 168)?

CAPÍTULO 11: QUE LAS MUJERES MAYORES INSTRUYAN A LAS JÓVENES

1) Nombra a una o más mujeres mayores que han influido en tu vida de una manera significativa. Describe la naturaleza de tu relación y su influencia. ¿Qué aprendiste de ellas?

2) Lee Tito 2:3-5. ¿Cuál es el propósito del mandato que Pablo le da a Tito en este pasaje? ¿Por qué es tan vital que la iglesia llame y capacite a las mujeres para este ministerio?

3) Susan dice: "Por todas partes encuentro mujeres jóvenes que anhelan tener una madre espiritual" (p. 170). ¿Por qué piensas que no hay más instrucción espiritual entre las mujeres mayores y las jóvenes? ¿Cuáles son algunos de los obstáculos para esta clase de ministerio según Tito 2?

4) ¿Cuál es el prerrequisito para la instrucción espiritual según Tito 2:3?

5) ¿Qué se puede obtener de una relación de cuidado e instrucción que no se pueda obtener al aprender la doctrina simplemente en la iglesia o en una clase bíblica? ¿Cuál es la diferencia en el método y el resultado?

6) Susan afirma que toda mujer puede ser una mujer joven y a la vez mayor. Prácticamente, ¿en qué papel te ubicarías tú?

7) Sin ánimos de criticar, ¿qué está haciendo tu iglesia para brindar oportunidades de relaciones de cuidado e instrucción? ¿Hay alguna intencionalidad en este ámbito? Si no piensas que tu iglesia es fuerte en este ámbito, ¿cómo podrías mejorar la situación? (pp. 176-79 ofrece consejos prácticos para iniciar un ministerio conforme a Tito 2 en tu iglesia).

8) ¿Cuán bien estás cumpliendo el mandato de instrucción de Tito 2? ¿Necesitas buscar una mujer mayor que te instruya? ¿Por dónde puedes comenzar? Si actualmente no estás invirtiendo en la vida de una mujer más joven, ¿qué puedes hacer para comenzar una relación de este tipo? Si alguien ha cuidado de ti y te ha instruido, toma algunos minutos para escribirle una nota de agradecimiento por haber invertido en tu vida.

NOTAS

INTRODUCCIÓN

1. *Time*, "Women: The Road Ahead" [Mujeres: el camino por delante], otoño de 1990.
2. *Ibíd.*, 4.
3. *Ibíd.*, 76.
4. *Ibíd.*, 79.

CAPÍTULO 1: FEMINIDAD

1. Versión publicada por Shakespeare.com, copyright @ 2000 por Dana Spradley, publicado por Shakespeare.com. Originalmente derivado de Complete Moby™ Shakespeare, ahora de dominio público.
2. Resumen de la autora de *Femininity* [Feminidad] por Susan Brownmiller, publicado en SusanBrownmiller.com, un sitio en el Internet generado por autores.
3. Brownmiller, Susan, *Femininity* [Feminidad] (Nueva York: Fawcett Columbine, 1985).
4. Piper, John, y Wayne Grudem, eds., *Recovering Biblical Manhood and Womanhood: A Response to Evangelical Feminism* [La recuperación de la hombría y feminidad bíblica: Una respuesta al feminismo bíblico], (Wheaton, IL: Crossway Books, 1991), 36.
5. Wilson, Douglas, *Reforming Marriage* [La reforma del matrimonio], (Moscow, ID: Canon Press, 1995), 19.
6. Elliot, Elisabeth, "Virginity", Elisabeth Elliot, Boletín informativo, marzo/abril 1990 (Ann Arbor, MI: Servant Publications), 1. Citado nuevamente por John Piper en el prólogo a *Recovering Biblical Manhood and Womanhood*, XXV.
7. Pride, Mary, *The Way Home: Beyond Feminism, Back to Reality* [El camino a casa: Más allá del feminismo, otra vez a la realidad], (Wheaton, IL: Crossway Books, 1985), 202.

CAPÍTULO 2: LA BELLEZA VERDADERA

1. Resumen del centro de comunicados de la sociedad estadounidense de cirujanos plásticos (ASPS), publicado el 18 de agosto de 2000 por el centro de comunicados de ASPS.
2. "Reshaping de World" [Rediseñar el mundo] nota al margen de Mac Margolis, Paige Bierma, Mahion Meyer, Hideko Takayama y Shehnaz Suterwalia, en *Newsweek International* (edición Atlantic), 16 de agosto de 1999, 38.
3. Henig Marantz, Robin, "The Price of Perfection" [El precio de la perfección], *The Journal of Biblican Counseling*, vol. 15, nº 2, invierno de 1997, 34-38. El artículo apareció originalmente en la edición de mayo/junio de 1996 publicado por *Civilization* y reimpreso con permiso.

4. *Ibíd.*, 35.
5. Piper, John, *A Godward Life: Savoring the Supremacy of God in All of Life* [Una vida hacia Dios: Disfrutar de la supremacía de Dios en toda la vida], vol. 2 (Sisters, OR: Multnomah, 1999), 64.

CAPÍTULO 3: PRINCESAS DE PAPÁ: CONOZCAMOS A DIOS COMO PADRE

1. Edwards, Tamala M., "Flying Solo", [Actuar independientemente], *Time* (28 de agosto de 2000), 37-43.
2. Blankenhorn, David, *Fatherless America: Confronting Our Most Urgent Social Problem* [Estados Unidos sin padre: Confrontar nuestro problema social más urgente], (Nueva York: HarperCollins, 1995), 1.
3. *Ibíd.*, 3.
4. Packer, J. I., *Knowing God* [El conocimiento del Dios Santo] (Kent, Gran Bretaña: Hodder & Stoughton, 1975), 224. Publicado por editorial Vida, 2006.
5. Carlisle, Bob, *Butterfly Kisses: Tender Thoughts Shared Between Fathers and Daughters* (Nashville: Countryman Books, 1997), iv.
6. MacArthur, John, *The MacArthur New Testament Commentary: Romanos 1-8* [Comentario MacArthur del Nuevo Testamento: Romanos 1-8], (Chicago: Moody, 1991), 436-37. Publicado en español por editorial Portavoz.
7. *Ibíd.*, 437

CAPÍTULO 4: RETRATO DE UNA MUJER USADA POR DIOS

1. White, Kathleen, *John and Betty Stam* [John y Betty Stam] (Minneapolis: Bethany, 1989), 118.
2. De un mensaje llamado "The Maximun Man" [El hombre máximo] por Adrian Rogers, predicado en una Conferencia sobre máxima hombría en la Iglesia Bautista Bellevue, Memphis, el 10 de octubre de 1985.
3. Vine, W. E., *The Expanded Vine's Expository Dictionary of New Testament Words* [Diccionario expositivo de palabras del Nuevo Testamento], ed. John R. Kohlenberger III con James A. Swanson (Minneapolis: Bethany, 1984), 617.

CAPÍTULO 5: CÓMO LLEGAR A SER UNA MUJER PRUDENTE

1. *The Words of John Adams, Second President of the United States: With a Life of the Author, Notes and Illustrations, by His Grandson Charles Francis Adams* [Las palabras de John Adams, segundo presidente de los Estados Unidos: con una vida del autor, notas e ilustraciones por su nieto Charles Francis Adams], vol. 3 (Boston: Charles C. Little & James Brown, 1851), 171.
2. *Strong's Exhaustive Concordance* [Concordancia Strong exhaustive], (Grand Rapids, MI: Baker, 1992).

CAPÍTULO 7: LA RESPONSABILIDAD DE LA MUJER COMO AYUDA IDÓNEA DE SU ESPOSO

1. Jensen, Philip D., y Tony Payne, *Beyond Eden* [Más allá del Edén], (Sydney, Australia: St. Matthias Press, 1990), 33.

2. Shalit, Wendy, *A Return to Modesty* [El regreso al recato], (Nueva York: Simon & Schuster, 1999), 139-40.
3. Birkett, Kirsten, "Reopening a Window" [Volver a abrir una ventana], *The Briefing*, 159/60, 20 de junio de 1995, 2.
4. Jensen y Payne, *Beyond Eden*, 19.
5. Smith, Claire, "Two Commands to Women" [Dos mandatos a las mujeres], *The Briefing*, 159/60, 20 de junio de 1995, 16.
6. Grudem, Wayne, *Systematic Theology* [Teología sistemática], (Downers Grove, IL: InterVarsity, 1994), 249-50. Publicado en español por editorial Vida, 2006.
7. Brotman, Barbara, "Matter of Roles" [Asunto de roles], (WomanNews), *Chicago Tribune*, 11 de octubre de 2000, 2.
8. Brown, Colin, *The New International Dictionary of New Testament Theology*, vol. 2 [El Nuevo diccionario internacional de teología del Nuevo Testamento, vol. 2], (Grand Rapids, MI: Zondervan, 1979), 256-57.
9. Barclay, William, *A New Testament Wordbook* [Diccionario del Nuevo Testamento], (Nueva York: Harper, n.d.), 103.
10. *Ibíd.*, 104.
11. Johnston, James, de un sermón predicado en College Church, Wheaton, IL., 13 de setiembre de 1998.

CAPÍTULO 8: LIBERADA A TRAVÉS DE LA SUJECIÓN

1. Doyle, Laura, *The Surrendered Wife* [La esposa que se entrega], (Nueva York: Fireside; Simon & Schuster, 1999, 2001).

CAPÍTULO 9: CÓMO CRIAR HIJAS FEMENINAS

1. *The Westminster Confession of Faith, Together with the Larger Catechism and the Shorter Catechism* [La confesión de fe de Westminster, junto con el Catecismo mayor y el Catecismo menor], (Atlanta: Presbyterian Church in America Committee for Christian Education & Publications, 1990).
2. Crittenden, Danielle, *What Our Mothers Didn't Tell Us* [Lo que nuestras madres no nos dijeron], (Nueva York: Simon & Schuster, 1999, 25.
3. Hunt, Susan, *By Design* [*Por designio*], (Wheaton, IL: Crossway Books, 1994), 101, 108, 171, 173. Publicado en español por Editorial Unilit.
4. Angell James, John, *Female Piety* [Piedad femenina], (Londres: Hamilton Adams, 1860; repr., Morgan, PA: Soli Deo Gloria, 1994), 75.
5. Hunt, *By Design*, 118.
6. Berkhof, Louis, y Cornelius Van Til, *Foundations of Christian Education: Addresses to Christian Teachers* [Los fundamentos de la educación cristiana: Dirigido a los maestros cristianos], ed. Dennis E. Johnson (Phillipsburg, NJ: P&R, 1990, orig. Grand Rapids, MI: Eerdmans, 1953), 77.
7. Angell James, John, *A Help to Domestic Happiness* [Una ayuda para la felicidad doméstica], (Londres: Frederick Westley y A. H. Davis, 1833; repr., Morgan, PA: Soli Deo Gloria, 1995), 128-29.
8. Hunt, Susan, *The True Woman* [La mujer verdadera], (Wheaton, IL: Crossway Books, 1997), 22, 34-35.

CAPÍTULO 11: QUE LAS MUJERES MAYORES INSTRUYAN A LAS MENORES

1. Hunt, Susan, *Spiritual Mothering: The Titus 2 Model for Women Mentoring Women* [Maternidad spiritual: El modelo de Tito 2 para que las mujeres instruyan a las mujeres], (Wheaton, IL: Crossway Books, 1992), 39-40.
2. *Ibíd.*, 12.
3. Vine, W. E., *An Expository Dictionary of New Testament Words,* vol. 4 [Diccionario expositivo de palabras del Nuevo Testamento], (Old Tappan, NJ: Revell, 1940), 44.
4. Para mayor información llamar a: 1-800-283-1357.

VERSIÓN REVISADA Y AMPLIADA

MENTIRAS QUE LAS *Mujeres* CREEN

Y LA VERDAD QUE LAS HACE LIBRES

NANCY DeMOSS WOLGEMUTH

Desde su primer lanzamiento en 2001, *Mentiras que las mujeres creen* ha vendido más de un millón de ejemplares, y ha sido traducido a veintiséis idiomas. Miles de cartas y correos electrónicos dan fe de la transformación profunda y duradera que este libro ha producido en la vida de las mujeres alrededor del mundo.

En esta edición actualizada y aumentada, Nancy DeMoss Wolgemuth comunica este mensaje liberador a una nueva generación. Mentiras que las mujeres creen presenta cuarenta y cinco mentiras que las mujeres cristianas creen con mayor frecuencia; mentiras acerca de Dios, ellas mismas, las prioridades, las emociones, el matrimonio y la maternidad, entre otras. El libro ofrece el único medio para confrontar, contrarrestar y vencer el engaño: la verdad de Dios.

NUESTRA VISIÓN

Maximizar el efecto de recursos cristianos de calidad que transforman vidas.

NUESTRA MISIÓN

Desarrollar y distribuir productos de calidad —con integridad y excelencia—, desde una perspectiva bíblica y confiable, que animen a las personas a conocer y servir a Jesucristo.

NUESTROS VALORES

Nuestros valores se encuentran fundamentados en la Biblia, fuente de toda verdad para hoy y para siempre. Nosotros ponemos en práctica estas verdades bíblicas como fundamento para las decisiones, normas y productos de nuestra compañía.

Valoramos la excelencia y la calidad
Valoramos la integridad y la confianza
Valoramos el mérito y la dignidad de los individuos y las relaciones
Valoramos el servicio
Valoramos la administración de los recursos

Para más información acerca de nuestra editorial y los productos que publicamos visite nuestra página en la red: www.portavoz.com